Navid Kermani wurde 1967 in Siegen geboren. Er ist habilitierter Orientalist und lebt als Schriftsteller in Köln. Für sein akademisches und literarisches Werk wurde er u. a. mit dem Kleist-Preis und dem Joseph-Breitbach-Preis ausgezeichnet. 2015 wurde ihm der Friedenspreis des Deutschen Buchhandels verliehen.

»Kermani formuliert seine kleinen Geheimlehren des Lebens mit viel Sorgfalt und Genauigkeit. Wie sein Kneipenerzähler bemüht er sich um das Schwierigste, dem, was der Fall ist, gerecht zu werden. Das heißt hier: Ihn interessiert die Existenz durchschnittlicher Individuen, die er wie einer jener klassischen Moralisten verfolgt, die nichts ändern, die die Wahrheit anderer Leben nur erkunden wollen. Eine Stärke dieses Buches ist, dass Kermani seinen entschiedenen Anspruch so vollkommen unprätentiös einlöst.« (Süddeutsche Zeitung)

»Kermani schreibt virtuos, dabei immer präzise und logisch, manchmal sogar derart, dass einem schwindelig wird. Doch meist dürfte baffes Staunen und ein vergnügliches Lächeln auf dem Gesicht des Lesers zu sehen sein, denn viele der ›Vierzig Leben‹ stecken, bei aller Würde und Ernsthaftigkeit, die der Autor ihnen verleiht, voller Überraschung und Komik.« (Berliner Zeitung)

»Manchmal liest sich das fast wie eine Kleist'sche Novelle. Menschliches, in höchste Vokabeln getrimmt. Das spricht mit Humor von der Basis. Das liest man richtig gern.« (Rheinischer Merkur)

Navid Kermani

Vierzig Leben

Rowohlt Taschenbuch Verlag

Veröffentlicht im Rowohlt Taschenbuch Verlag,
Reinbek bei Hamburg, Juli 2018
Copyright © 2017 by Carl Hanser Verlag, München
Umschlaggestaltung any.way, Barbara Hanke / Cordula Schmidt
Umschlagillustration Cordula Schmidt
Satz aus der Sabon bei Greiner & Reichel, Köln
Druck und Bindung CPI books GmbH, Leck, Germany
ISBN 978 3 499 27313 1

Das für dieses Buch verwendete Papier ist FSC®-zertifiziert.

Die Zustände nach der
»Erklärung der Standplätze der Reisenden«
von Khadje Abdollah Ansari (1005–1089):

Liebe
Eifer
Sehnsucht
Besorgnis
Durst
Verzückung
Angst
Verwirrung
Erstes Licht
Geschmack

Von der Hoffnung

Für Stefan Wild

Ein Freund meines Bruders, Dariusch Nikolai Oelmüller, Oelmüller mit Oe, so hieß er, weil er einen deutschen Vater und eine iranische Mutter hatte, die Wert darauf legten, daß sein Name auf alle Länder seiner Abstammung verwies und also auch auf Georgien, die Heimat seiner Urgroßmutter mütterlicherseits, die mitsamt ihrer Familie nach Teheran übergesiedelt war, wo sie Hadsch Mahmud Gharibpur, den Staatsbeamten im Dienste seiner kaiserlichen Majestät, kennenlernte, Dariusch Nikolai Oelmüller also, der 1962 als Siebenjähriger mit seinen Eltern nach Hamburg gekommen und dort im wohlhabenden Blankenese aufgewachsen war, hatte das Unglück, sich in eine Frau zu verlieben, die ihn nicht liebte, während er selbst mit einer anderen Frau verheiratet war, mit der er, so schien es wenigstens meinem Bruder, glücklich in Köln-Bayenthal zusammengelebt und drei Kinder gezeugt hatte, die jedermann mit ihrer Fröhlichkeit ansteckten, also kaum unter schwierigen Familienverhältnissen litten. Dariusch Nikolai verließ seine Frau und die Kinder, obwohl ihm die Geliebte keine Hoffnung machte, je auf sein Werben einzugehen, und suchte sich ein Appartement in Ossendorf, das zwei Straßen von dem ihren entfernt lag, in welchem er, just für seine so elegante wie kostspielige Erscheinung bekannt, zu verwahrlosen begann, nicht putzte, kaum aß. Da er, der im Direktorium einer Versicherung am Mediapark arbeitete und in absehbarer Zeit, so versichert mein Bruder, in den Vorstand aufgestiegen wäre, morgens immer seltener pünktlich im Büro erschien, wurde er zunächst von Kollegen angesprochen und vom Vorgesetzten beiseite genommen, dann zum Psychologen geschickt und schließlich, nach mehreren Monaten geduldigen Zuredens, entlassen. Seine Eltern, die noch immer in Blankenese lebten, nahmen die Schwiegertochter und die Enkel bei sich auf und brachen, nachdem sie alles Erdenkliche unternommen und sogar, in der vagen Annahme, ihr Sohn sei Drogen oder einer Sekte zum Opfer gefallen, die Polizei eingeschaltet hatten, da brachen die Eltern mit ihm, ihrem einzigen Kind, das alle ihre Versuche, es zur Umkehr zu bewegen, schroff zurückgewiesen und sie in einem Maße respektlos behandelt hatte, wie es insbesondere für die Mutter nicht zu ertragen war, zumal sie Dariusch Nikolai ein Leben lang als liebevollen Sohn gekannt hatte, dessen Umgangsformen, Ernsthaftigkeit und Würde sie an ihren Großvater erinnerten, jenen Großvater, der gegen den Widerstand seiner Familie die georgische, also christliche Frau geehelicht und damit den slawischen Zweitnamen des Urenkels mittelbar verursacht hatte. Daß die Bemühungen noch seiner engsten Freunde, Dariusch Nikolai neben der offenen Abneigung seiner Geliebten auch deren intellektuelle Beschränktheit, ihr keineswegs hervorstechendes Äußeres, vor allem aber ihre moralische Verworfenheit vor Augen zu führen, nichts fruchteten, dürfte nicht mehr verwundern. Mochten die Unbedarftheit ihres Denkens und übrigens ebenso ihres Geschmackes wenigstens zum Teil ihrem allzu jungen Alter geschuldet sein, konnte zudem sein begeistertes Urteil über ihr Aussehen und also über die Attraktivität ihrer zwar nicht übermäßigen, jedoch unübersehbaren Fülle mit subjektiven Empfindungen erklärt werden, so gaben die charakterlichen Eigenschaften, die sie im Umgang mit ihm an den Tag legte, tatsächlich Anlaß zu größter Sorge. Die junge Frau beließ es nicht dabei, ihn abzuweisen, sondern schien sich einen regelrechten Spaß daraus zu machen, ihn zu demütigen, ja ihn öffentlich bloßzustellen. So hieß sie ihn zweimal die Woche in ihre Wohnung kommen, damit er dort putzte, bügelte und anschließend die Dinge einkaufte, die sie auf einem Zettel zu notieren pflegte, bevor sie selbst mitsamt seines Portemonnaies Schallplattenläden, Parfümerien oder die teuersten Boutiquen der Stadt aufsuchte. Von einem seiner Freunde zur Rede gestellt, brüstete sie sich damit, daß Dariusch Nikolai ihren gemeinsamen Urlaub mit dem Freund finanziert und sich sogar für die Postkarte bedankt habe. Ja, sie hatte einen Freund, einen großgewachsenen Italiener im gleichen jugendlichen Alter, der sich meist mit schwarzer Lederjacke und schwarzen Jeans kleidete und gelegentlich Betriebswirtschaft an der Universität Köln studierte, also im Unterschied zu ihr immerhin sporadisch einer Beschäftigung nachging. Ein Bekannter meines Bruders sah die drei in der Ehrenstraße, dem Einkaufsboulevard im Dreieck von Rudolfplatz, Friesenplatz und Neumarkt, der insbesondere eine junge Klientel anzieht, Dariusch Nikolai zwei Meter hinter der Geliebten und ihrem Freund mit Papiertüten bepackt; er muß gepflegter ausgesehen haben, als ihn mein Bruder zuletzt angetroffen hatte, er hatte sich rasiert, die Haare bürstenartig geschnitten und trug Kleidung, die neu aussah, allerdings nach Aussage des Bekannten seinem Alter auf groteske Weise widersprach, pfeilspitze Tanzschuhe, eine silbern glänzende Hose, ein feuerrotes Jackett über dem rüschenwerfenden weißen Hemd.

Das war vor vier Jahren. Letzte Woche traf mein Bruder auf dem Nippeser Markt Dariusch Nikolai Oelmüller, der beinah wie früher aussah, als er sich noch nicht in die Frau verliebt hatte, die ihn nicht liebte. Wohl waren seine einstmals pechschwarzen Haare fast vollständig ergraut, wirkten das dunkle Sacko leicht abgetragen und die Schuhe ungepflegt, doch trug er die luftigen Locken genau wie früher halblang und mit eben jenem angedeuteten Seitenscheitel, der damals seiner Eleganz die lässige Note verliehen hatte. Dariusch Nikolai sagte meinem Bruder, er wohne noch immer in dem Appartement in Ossendorf, habe es jedoch aufgegeben, um jene Frau, wenngleich er sie weiterhin liebe, zu werben oder sie auch nur zu sehen. Als Sachbearbeiter habe er vor einigen Monaten angefangen, in der alten Versicherung zu arbeiten, und habe Signale erhalten, recht bald befördert zu werden, falls er es an Engagement nicht mangeln ließe, wenngleich ihm klar sei, daß er nicht wieder an jene Position gelange, die er bei seiner Kündigung innegehabt hatte. Seine Frau habe einen anderen Mann geheiratet und es bislang vermocht, ihm das Wiedersehen mit den gemeinsamen Kindern zu verwehren – allerdings, so räumte er ein, seien seine bisherigen Anstrengungen auch zu zaghaft gewesen, er habe nicht einmal herausgefunden, wo genau sie wohnten. Doch sehne er sich nach den Kindern und wolle sich nicht mehr mit der telefonischen Auskunft abfinden, wonach sie es ablehnten, ihn zu sehen. Er könne sich das nicht vorstellen. Seine Mutter sei vor drei Jahren gestorben, und sein Vater weigere sich bislang, ihn zu empfangen, da er ihm vorwerfe, für ihren Tod verantwortlich zu sein. Er hoffe aber, ihn, der in seinem hohen Alter doch wohl allein lebe, noch umzustimmen, und werde sich künftig ernsthafter als bisher darum bemühen. Dariusch Nikolai Oelmüller lehnte die Einladung meines Bruders auf einen Kaffee mit der Entschuldigung ab, er müsse zurück ins Büro, da seine Mittagspause zu Ende sei. Mein Bruder sagte ihm, er würde sich freuen, ausführlicher mit ihm zu sprechen, und fragte, ob er noch seine, meines Bruders, Telefonnummer besitze. Dariusch Nikolai antwortete, er habe die Telefonnummer selbstverständlich in seinem Adreßbuch stehen und hoffe, sich recht bald einmal zu melden.

Von der Liebe

Zur Hochzeit von Turandocht Schlamminger
und Götz Freiherr von Arnim

Um die Opfer zu rechtfertigen, die sie ihren vier Kindern gebracht hat – den Abbruch des Literaturstudiums, die Auswanderung in das immer noch ungeliebte Deutschland, die das Verhältnis zu ihren eigenen Eltern zerrüttet hat, aber den Kindern eine bessere Zukunft versprach, die zarten Stücke des Fleisches, die sie ihnen bis heute auf die Teller mogelt, um nur drei von unzähligen Beispielen anzuführen, die selbst ich täglich beobachte –, verweist unsere Nachbarin, die montags auf unsere Tochter aufpaßt, auf die inzwischen weltweit gerühmte Meisterschaft, zu der es ihr Onkel zweiten Grades, Feridoun Zandschi, auf dem Santour gebracht hat, der iranischen Form des Hackbretts, wie es irreführender auf Deutsch nicht heißen könnte, weil das Spezifische des persischen Instruments gerade in der Filigranheit seiner tausendwirkenden Saiten liegt, auf denen die federleichten Stöcke der Meister in so schneller Folge aufsetzen, daß sie so unsichtbar sind wie der Flügelschlag des Kolibris. Das Schicksal Zandschis entschied sich im Alter von siebzehn Jahren, als ihm sein Lehrer, ein weithin vergessener Musiker und Mystiker namens Asghar Scharafeddin Neymatollahi, vorhielt, auf die eigene Wirkung zu schielen, statt sich geduldig, in tausendsaitigem Gehorsam, den Nuancen des Instruments zu überlassen, mögen sie den gemeinen Hörer langweilen, da er sie nicht mehr zu unterscheiden vermag. Obwohl der Lehrer ihm über Monate hinweg ins Gewissen redete, der Verantwortung gerecht zu werden, die Gott ihm mit der überragenden Begabung verliehen habe, hörte der junge Feridoun nicht auf, Kunststücke zu proben, um bei den Auftritten nach Beifall zu heischen, ja, er begann sogar, sich lustig zu machen über die Mahnungen des Lehrers, die seinem Neid geschuldet seien. Freilich brachte er den Spott nicht in Worten zum Ausdruck – das zu wagen war undenkbar in jenen Beziehungen zu einem Meister –, sondern deutete bloß halb ängstlich, halb verwegen an, die Stirn in Falten zu legen, wann immer der Tadel ihn traf, aber Neymatollahi verstand.

Inmitten einer Übungsstunde, in der sich Feridoun wieder einmal zu musikalischen Pirouetten verstiegen hatte, fragte der Lehrer ihn schließlich, wie er ernstlich behaupten könne, die Musik zu lieben, wo er doch der Welt verhaftet sei und dem Lohn, den sie biete. So wie Ihr, erkühnte sich Feridoun und wollte sagen, daß auch der Lehrer am Ende nach diesseitiger Anerkennung strebe. Wie ich? fragte der Lehrer, erhob sich und verließ, den ersten Satz des islamischen Glaubensbekenntnisses auf den Lippen, den Raum. Begleitet von einem dumpfen Schlag, schrie er hinter der verschlossenen Tür kurz auf, um bleich in den Übungsraum zurückzukehren, dem Schüler die bluttriefende linke Hand entgegenstreckend, an der die drei mittleren Finger abgeschnitten oder, wie sich herausstellte: abgehackt waren, abgehackt wie auf einem Hackbrett, wie ich nicht umhin konnte zu denken, als ich Feridoun Zandschi vergangenen Monat in einem Konzert hörte, das der Westdeutsche Rundfunk in der Kölner Philharmonie veranstaltet hatte. Ich konnte nicht aufhören zu denken, daß sich das Wunder seines zweieinhalbstündigen Spiels der Liebe Asghar Scharafeddin Neymatollahis verdanke, der Liebe nicht etwa zu seinem Schüler, einem Menschen, sondern zum Santour, das ihm göttlich war und daher höher als das Menschliche, der Liebe des Lehrers also zu Gott, den er im zirzensisch feinen, aber eben von Liebe noch zu durchtränkenden Spiel des Schülers reiner manifestiert zu hören hoffte, als er es seinen eigenen Händen je zutraute. Ich konnte nicht aufhören, an Asghar Scharafeddin Neymatollahi zu denken und daran, daß selbst das Santour zum Hackbrett werden müsste, damit es kein Hackbrett mehr sei, ja, ich konnte die bluttriefende Hand nicht aus meinem Kopf vertreiben und bildete mir gar ein, sie selbst sei es, die bluttriefende Hand des Lehrers, die acht Stuhlreihen unter mir in der Kölner Philharmonie den linken Stab seines Schülers führte, bis die Musik mich schließlich so entrückte, daß ich an kein Blut und kein Hacken, an nichts mehr dachte und auch nicht bemerkte, wie die Tränen meiner Nachbarin, die uns die Karten besorgt hatte, auf den Boden trieften, weil jeder einzelne der wimpernschlagschnellen Schläge auf das Hackbrett so himmlisch leicht und zugleich schmerzgetränkt war, daß es ihr das Herz zerriß, zerhackte, wie mir unsere Nachbarin am darauffolgenden Montag zu verstehen gab, um zu erklären, warum sie ihr Literaturstudium abgebrochen habe und ins ungeliebte Deutschland gezogen sei, wo sie den längst erwachsenen Kindern bis heute die zarten Stücke des Fleisches auf die Teller mogele.

Von der Anmut

Seit Tagen geht mir eine dreiunddreißigjährige Architektin aus der nordjapanischen Stadt Asahikawa nicht mehr aus dem Kopf, die sich mir vorstellte, als mich ein japanischer, aus dem südlich gelegenen Fukooka stammender Freund, der vor Jahren mit mir gemeinsam Spanisch in Buenos Aires studiert hat und heute bei einer japanischen Konzernvertretung in Düsseldorf arbeitet, auf seinem privaten Computer in Mettmann durch japanische Internetseiten führte, um die globale Simultaneität neuerer kultureller Prägungen vorzuführen, über die wir uns beim Abendessen unterhalten hatten. Die virtuelle Reise brachte uns auch in sogenannte Chaträume, von denen einige dezidiert erotischen Themen vorbehalten waren, was ich nur aufgrund seines Hinweises erkannte, da sie sich nicht durch bestimmte Abbildungen oder anzügliche Zeichen auswiesen. Mein Bekannter übersetzte mir, soweit es ihm sein leidliches Deutsch erlaubte, die eine oder andere Stellungnahme, die seine These zu bestätigen schien, daß Japaner spätestens in einem erotischen Chatraum die anmutige Distanz ablegen, die ich immer mit ihrer Kultur identifiziert habe, und sich in der Wortwahl, den sogenannten Nicknamen und sogar in der Syntax nur unwesentlich von einem englisch- oder deutschsprachigen Chatpartner unterscheiden. Man wird überrascht, vielleicht sogar befremdet sein, wenn ich hinzufüge, daß es mir nicht unmöglich war, den japanischen mit dem diesbezüglichen deutschen Diskurs zu vergleichen, da ich den Reiz des Chattens, den zu erläutern anderswo der Ort ist, schon bei anderer Gelegenheit kennengelernt und dabei auch solche virtuellen Räume betreten habe, die sich dem Sexuellen im engeren, nicht durchweg appetitlichen Sinne widmen. Eben weil ich über eine gewisse Vertrautheit mit dem hiesigen Jargon verfüge, war ich während der Führung meines Bekannten durch den japanischen Teil des World Wide Web, die schließlich unser Gespräch über kulturelle Aspekte der Globalisierung zum Anlaß hatte, neugierig geworden, ob Japaner sich innerhalb eines Chatraums prinzipiell anders als Deutsche artikulierten, und so fragte ich ihn zunächst allgemein nach der Existenz japanischer Chatgemeinden, die er bejahte, ohne auf Anhieb Näheres berichten zu können, da er trotz der Ferne von der Heimat noch nicht auf die Idee gekommen war, im Internet mit Japanern zu kommunizieren, die er nicht kannte. Mittels einer Suchmaschine machte er bereits nach Minuten eine Website ausfindig, auf der wir wie von selbst in jenen Bereich gelangten, der auch in Japan Minderjährigen verboten, aber nicht verwehrt ist.

Nach kurzen Einblicken in Diskussionen, die unterschiedlichen homosexuellen und sadomasochistischen Praktiken gewidmet waren, richteten wir es uns bei einer neuen Flasche Rotwein in einem Raum ein, der dem japanisch transkribierten, aber aus dem Englischen entlehnten Namen zufolge die Interessenten realer Verabredungen zusammenführte. Wohl wegen der ungünstigen Ortszeit, auf die mich mein Bekannter hinwies, herrschte nicht eben Hochbetrieb, doch genug, um aus seinen willkürlichen Übersetzungen unter anderem zu erfahren, daß für die folgende Nacht an einem bestimmten Rastplatz der Autobahn von Kagoshima nach Kumamoto einiges zu erwarten war. Ein junger Mann, der sich das japanische Wort für eine brennende Zigarette zum Pseudonym genommen hatte (ein deutscher Chatter würde vermutlich Glimmstengel sagen, aber ich vergaß zu fragen, ob das japanische Wort ebenfalls der Umgangssprache angehört), suchte für die nämliche Nacht eine ältere, vorzugsweise verheiratete Partnerin gleich welchen Aussehens in der Region Koriyama, während *Juri17* aus Nobeoka uns vergeblich auf eine Website aufmerksam machte, auf der live eingespielte Bilder von ihr zu sehen wären. Anders als in den deutschsprachigen Chaträumen, an die ich mich erinnere, schienen sich nur wenige Chatter zu kennen; sie unterhielten sich über ihre momentane Stimmung, ihre Neigungen und körperlichen Vorlieben (auffällig oft unter Nennung von Zentimeterangaben, denen in Japan entgegen dem Klischee eines spirituellen Ostens offenbar eine größere Bedeutung beigemessen wird als bei uns). Die meisten betrachteten den Raum als bloße Kontaktbörse, ohne daß uns der Erfolg ihres Werbens einsichtig geworden wäre, da die Interessenten sich ähnlich wie in Deutschland kaum im allgemeinen Chatraum gemeldet, sondern die Möglichkeit genutzt haben dürften, einen privaten, für die übrigen Chatter also nicht zu verfolgenden Dialog mit dem Annoncierenden zu beginnen.

Als mein Bekannter mir zum Spaß vorschlug, einen Satz zu nennen, den er übersetzt in den Chatraum stellen würde, konnte ich einerseits der Versuchung nicht widerstehen, mich einmal im Leben als Japaner auszugeben, um ein lüsternes Wort mit einer denkbar fremden Frau zu wechseln, mit der ich nicht einmal die Sprache teilte, wollte andererseits jedoch vermeiden, mich als Lüstling bloßzustellen, so daß ich auf die eitle Geste verfiel, eine Zeile des ihm unbekannten Paul Celan abzuwandeln, nämlich zu fragen, ob jemand bereit sei, mich mit Schnee zu bewirten, worauf sich besagte Architektin, deren Pseudonym übersetzt etwas wie *Vorne und hinten* bedeutete, in einem privaten Dialogfenster nach der Stadt erkundigte, in welcher ich lebte. Von mir gebeten, eine beliebige Stadt zu nennen, tippte mein Bekannter Kyoto ein, worauf sie ihr Bedauern bekundete, wohnte sie doch in Asahikawa, einer hochgelegenen Stadt ganz im Norden Japans, wie mein Bekannter mich aufklärte. Ein kurzer Schriftwechsel entspann sich, in dem ich ihren Beruf, ihr Alter und ihren Familienstand erfuhr und mich selbst mit Hilfe meines Bekannten als gleichaltrigen, im Unterschied zu ihr jedoch ledigen Arzt vorstellte. Dann schrieb sie nach Aussage meines Bekannten, daß sie sich durch meine, von Celan geborgte Frage nach dem Schnee angesprochen gefühlt habe, weil dieser bei ihr zur Zeit meterhoch liege, und ging unvermittelt über zu ihrer Sehnsucht nach jemandem, den ihre Wangen liebkosen dürften, jemandem, der sich ihren Haaren hingebe, eine Auskunft, die bei uns in Mettmann allerhand Spekulationen hervorrief, wußten wir sie doch nicht mit der Drastik ihres Pseudonyms in Verbindung zu bringen. Ich bat meinen Bekannten, sie vorsichtig nach dem Widerspruch zu befragen, indem er sie besonders auf die Anmut ihres Begehrens hinweise, was ihn einige Überlegung kostete, bis er eine adäquate Übersetzung meines Anliegens fand. Sie antwortete nicht, sondern fragte ihrerseits, ob es mir prinzipiell möglich sei, kurzfristig zu ihr in den Norden zu fliegen, wo sie wegen einer beruflich bedingten Abwesenheit ihres Gatten zur Zeit allein die Kälte vertreibe. Ohne meine endgültige Reaktion abzuwarten, schrieb mein Bekannter, um mehr über die Architektin zu erfahren, daß ich prinzipiell bereit sei, mich heute noch ins Flugzeug zu setzen, falls unser weiteres Gespräch jenen Eindruck gegenseitiger Sympathie und gemeinsamer Wünsche verfestige, der sich mir bereits jetzt andeute. Nachdem ich beziehungsweise mein japanischer Bekannter also ihrer Lockung gefolgt und mit fast ausgestreckter Hand einen Schritt auf sie zugegangen war, rührte sich eine endlose Minute lang nichts auf dem Bildschirm meines Bekannten, bevor sich *Vorne und hinten* in einer Geste feenhafter Anmut unwiderruflich von uns abwandte: Sie schrieb, daß ich sie mit meiner prinzipiellen Bereitschaft, eigens für sie von Kyoto nach Asahikawa zu fliegen, glücklich gemacht habe, sie aber leider nicht antreffen würde, da – und hier gingen ihre Worte nach Aussage meines Bekannten in Verse über – ihr Schiff in See stoße, am Mast ein Segel wie von Ängsten geschüttelt; eine wundervolle Fahrt unter heiterem Himmel erwarte sie. Wenngleich er sich keineswegs sicher war, meinte mein Bekannter die Verse, die lateinisch zu transkribieren ich ihn bat, dem gleich Celan berühmten, mir dennoch zuvor unbekannten japanischen Dichter Kitahara Hakuschu zuschreiben zu können. Sooft wir die Architektin noch ansprachen, erhielten wir keine Antwort mehr, so daß wir bald schon wieder den Chatraum verließen, um auf Seiten der japanischen Winzervereinigung und des Verbandes der japanischen Fruchtsaftgetränkehersteller zu stoßen, bis ich meinen Bekannten mit Blick auf die Uhr – schließlich mußte ich mit meinem schiffgleichen Peugeot noch in die Hauptstadt des Rheins zurückkehren – darum bat, die Führung durch den japanischen Teil des World Wide Web für heute zu beenden, überzeugt von der globalen Simultaneität neuerer kultureller Prägungen und der Anmut einer dreiunddreißigjährigen Architektin, die sich den Namen *Vorne und hinten* gab, um sich vom Dichter die Worte *Ho wo kakete kokorobosoge no yuku fune no ichiro kanaschi mo uraraka nareba* zu borgen, wenn die Transkription meines Bekannten stimmt.

Vom Gehorsam

Eberhard, Direktor einer Kölner Versicherung, hat im Zuge jener Mode, die beispielsweise Madonna darauf brachte, Gedichte des persischen Mystikers Rumi zu vertonen, letztens einen sufischen Workshop in Kanada besucht, auf dem sich einer der engsten Schüler des Ordensführers als der ältere Bruder des Konzerninhabers entpuppte, von dem bis dahin wenig mehr als die bloße Existenz bekannt war. Selbst Eberhard, der schon vor zwanzig oder fünfundzwanzig Jahren in die Versicherung eingetreten ist und den Stammbaum der Gründerfamilie wie kaum ein anderer kennt, hatte lediglich gewußt, daß der Bruder in den sechziger Jahren dazu bestimmt gewesen war, die Leitung des Unternehmens zu übernehmen, es aber im Zuge oder womöglich erst nach der erfolgten Stabsübergabe zu einem Zerwürfnis mit dem Vater kam, der daraufhin den jüngeren Sohn zum Nachfolger ernannte. Was seither mit dem älteren Sohn geschehen ist, darüber hat es, weil bis zu seinem Tod weder der Vater noch der jüngere Bruder ihn je wieder erwähnt haben sollen, nur Gerüchte gegeben, wonach er sich entweder im Ausland oder in einer Nervenheilanstalt aufhalte.

In der Teepause zwischen zwei Tanzritualen klärte der ältere Bruder, der sich inzwischen Salim nennt, Eberhard darüber auf, 1966 die Anteilsmehrheit, die ihm bereits übermacht worden war, ausgerechnet einer trotzkistischen Arbeitsgemeinschaft geschenkt zu haben, die für den Vater, einen politischen wie persönlichen Freund Konrad Adenauers, nichts Geringeres war als eine Manifestation des Bösen. Noch am selben Tag, als der Vater von der Schenkung erfuhr, sei Salim unter Opiate gesetzt und mit einem Privatflugzeug in die zypriotische Ferienvilla der Familie gebracht worden, wo ihn die Eltern mit Hilfe von Leibwächtern in sanfter Gefangenschaft hielten, bis er sich bereit erklärt habe, unter notarieller Aufsicht seinen Verzicht auf die Schenkung wie überhaupt auf den Anteil am Konzern zu unterschreiben. Weil der Vater naturgemäß einen Skandal vermeiden wollte, willigte er ein, das restliche Erbe des Sohnes vorzeitig auszuzahlen, falls dieser im Gegenzug die Aussage machte, von den Trotzkisten unter Drogen gesetzt worden zu sein, von weiteren Forderungen absah, ins Ausland übersiedelte und das Übrige den Anwälten überließ. In Pakistan, wo Salim nach einer Fahrt per Anhalter durch die Türkei und Iran den Sufismus kennenlernte, schloß er sich einige Jahre später dem Orden an, dessen Workshop in Kanada Eberhard besucht hatte.

Ins Gespräch gekommen sind Eberhard und Salim, als der Novize dem Vertrauten des Ordensführers gestand, daß er am Sufismus zwar alles unheimlich toll finde – eine hier wörtlich wiedergegebene Formulierung Eberhards, die geeignet ist, meine Bedenken gegen die westliche Esoterik gerade in ihren islamischen Färbungen zu nähren –, ihm allerdings der unbedingte Gehorsam schwerfalle, den der Meister, ein asketischer Greis aus dem Sindh, von seinen Schülern verlangte. Zur Antwort sprach Salim von der Lust, ausgerechnet seinem katholischen Vater zu gehorchen, dem bis zur Erbarmungslosigkeit strengen Freund Konrad Adenauers: Salim erzählte, wie er seinem Vater als Vierzehnjähriger bei einem Festessen den Stuhl weggezogen habe, damit dieser mit dem Gesäß zuerst zu Boden falle, nur um die beispiellose und daher nicht auszurechnende, zugleich bang und lustvoll erwartete Strafe zu erfahren. Weil der Vater, der Jähzorn für eine Schwäche, Strenge dagegen für ein notwendiges Opfer der Gerechtigkeit hielt, nicht in Erwägung zog, daß sein Sohn aus Absicht gehandelt habe, beließ er es bei einer Ermahnung, statt ihn in der erwartet unauszurechnenden Härte zu bestrafen.

Aus der Fassung gebracht habe Salim den Vater erst, als er den Beweis erbrachte, daß sein Ungehorsam nichts anderes wollte, als den Vater herauszufordern, den Gehorsam einzuzwingen. Dafür habe er die Familienbibel mit farblosem Sirup befleckt und, zur

Rede gestellt, gelogen, durch die Lektüre des Kreuzgangs so erregt worden zu sein, daß sich sein Samen just über dem Heiligen Buch ergossen habe. Mochte Salim seinem Bedauern auch unter Tränen Ausdruck geben, konnte der Vater die Absicht nicht mehr übersehen, so daß er dem Sohn nach der Stockstrafe befahl, dreimal täglich, morgens vor dem Frühstück, nach der Schule und vor dem Abendbrot, vierzig Tage lang alle Stümpfe und abgestorbenen Bäume – und ausschließlich diese – im hauseigenen Park und in der gesamten Nachbarschaft zu gießen, eine Sanktion, die Eberhard mit Hinweis auf die katholische Erziehung des Vaters erklärte, sei sie in Klöstern üblich gewesen oder vereinzelt noch immer üblich. Niemals in seiner Jugend habe Salim sich freier gefühlt als während dieser vierzig Tage, da er pünktlich zu den festgelegten Stunden, morgens, mittags und abends, den Wasserkanister mit Hilfe einer Schubkarre durch die Nachbarschaft fuhr und die Stümpfe mit unbedingter Gewissenhaftigkeit tränkte, als könne er die Bäume dadurch wahrhaftig zum Leben erwecken. Gerade weil er, so habe Salim gesagt, dem Vater durch die sinnlose, sinnlos sein sollende Tätigkeit absolut gehorchte, weil er also etwas tat, was keinen anderen Sinn hatte, als dem Vater zu gehorchen, fühlte er sich frei, befreit vom eigenen Wollen und zugleich dem eigenen Vater überlegen, der gezwungen war, sein Wollen auf ihn, den Sohn zu richten, gezwungen, sein Tun zu reflektieren und vor sich und den Nachbarn selbst zu verantworten, vielleicht sogar gezwungen, sich dem Sohn gegenüber schuldig zu fühlen oder jedenfalls unwohl. So sei paradoxerweise Salim es gewesen, der dem Vater seinen Willen aufzwang, indem er sich dessen Willen bedingungslos unterwarf. Vielleicht mag es unpassend wirken, vielleicht paßt es mit Blick auf Salims Konversion aber auch recht gut, wenn ich an dieser Stelle auf das Wort Islam verweise, das nichts anderes als Hingabe oder Unterwerfung bedeutet und nach mancher Lesart anzeigen will, daß Individuation – und also Freiheit vor Gott – gerade in einem Akt der freiwilligen Selbstaufgabe zu gewinnen sei und das wahre Selbstbewußtsein unter den Menschen die Demut gegenüber einem Höheren voraussetze, wie es sich im islamischen Ritualgebet verkörpert, in dessen Verlauf der Muslim sich abwechselnd nieder- wirft und die Hände ausbreitend aufrichtet, aber davon ahnen die sufischen Direktoren und singenden Madonnen natürlich nichts, hat doch ihr Sufismus nicht viel mit der Arbeit zu tun, die der Islam gerade in seiner mystischen Prägung vom Gläubigen verlangt. Tat- sächlich zu tun hat solcher Gehorsam, speziell wo er das Moment der Entblößung einschließt, aber auch mit Lust, wie Salim richtig bemerkt haben soll, ja, nach den Angaben Eberhards ging Salim noch viel weiter, als ich es je wagen würde, indem er gestand, auf seinen drei täglichen Rundgängen mit der Gießkanne jene sexuelle Erregung gespürt zu haben, die er bezüglich der Bibellektüre nur behauptet hatte. Die Freiheit, die ihm jene vierzig Tage des Gehor- sams verschafft hätten, sei so herrlich gewesen, daß er danach alles dafür gegeben hätte, sie noch einmal und nun für immer zu erle- ben. Sechzehn Jahre dauerte es, sechzehn Jahre hielt Salim still, bis er als Konzernerbe inthronisiert und dadurch endlich in der Lage war, den schlimmsten Affront, den er sich vorstellen konnte, gegen den Vater zu verüben. Schön sei das gewesen, wie er halb in Trance an Bord des Privatflugzeugs geleitet worden und in die Luft gestie- gen sei, wie auf Wolken habe er sich gefühlt und war es ja tatsäch- lich, schwerelos, willenlos, gedankenlos. Mit ebensolcher Lust, mit der er vierzig Tage lang die Baumstümpfe begossen hatte, fügte er sich in die Verbannung, die ihn durch Zufälle oder, wie Salim es ge- nannte hatte, aufgrund der Fügung des Allbarmherzigen nach Pa- kistan führte, wo er Reichtum erlangt habe in der Armut und den Gehorsam erlernt fünfmal täglich im Gebet.

Von der Vernunft

Wilhelm Goubeaud, der in unserer Kneipe fast jeden Sonntag um sechs Martin Majunke, Guido Bär oder einen der anderen Jungs zum Backgammon trifft, erzählte mir nach einem knappen, aber eben deshalb um so glänzenderen Sieg über den Champion des benachbarten Teehauses, daß seine größte Lust darin bestehe, in möglichst heiklen Situationen ausnahmsweise ein unvertretbares Risiko eingegangen zu sein, das gegen alle Vernunft belohnt wird. Als Beispiel nannte er eine Situation, in der er durch einen gefährlichen Zug versucht, den bereits sicheren Punktgewinn zu verdoppeln, wofür das Spiel gewonnen sein muß, bevor der Verlierer einen Stein vom Feld genommen hat. Risiken einzugehen sei keineswegs grundsätzlich falsch oder Zeichen intuitiven Vertrauens; man müsse nur abwägen, ob der mögliche Vorteil groß genug sei, um im Verhältnis sowohl zu der Wahrscheinlichkeit als auch gleichzeitig zu der Tragweite des Mißlingens zu bestehen, wobei zusätzlich die Spielstärke, Spielweise und wahrscheinliche Reaktion des Gegners in Erwägung zu ziehen seien, denn immer bestehe die Kunst darin, die Strategie des Gegenübers zu durchkreuzen, zum Beispiel indem man seine Steine plötzlich bewußt schlagen lasse, wenn der andere gerade glaube, zum Sieg durchmarschieren zu können. Genau betrachtet habe das nichts mit Risiko zu tun, sondern sei eine Frage der Statistik und der Genauigkeit, mit der man sie auf die Schnelle berechne, schließlich hielten nur Anfänger Backgammon für ein Glücksspiel, hingegen der Zufall bei den Meistern zwar die wildesten Kapriolen schlage, doch spätestens im Laufe zweier oder dreier Abende von der schnöden Mathematik eingefangen werde. Auch als rein rationaler Spieler, als der allein er auf Dauer Erfolg habe, könne er nicht umhin, regelmäßig Züge zu spielen, bei denen die Aussicht, daß sie sich als erfolgreich erweisen, unterhalb von fünfzig Prozent liege. Zur Veranschaulichung entwarf Wilhelm auf dem Bierdeckel eine komplizierte Formel, die sämtliche Gesichtspunkte eines Zuges berücksichtigte: das Ausmaß und die Möglichkeit des potentiellen Vorteils in seinen verschiedenen Varianten, das Ausmaß und die Wahrscheinlichkeit des potentiellen Nachteils in seinen verschiedenen Varianten sowie den Gegner und die allgemeine Spielsituation (ob es früh am Abend ist, der Spielstand, seine Tagesform und die des Kontrahenten, ob Wilhelm in Gefahr gerät, das Limit des finanziellen Verlustes, das er sich an einem Abend setzt, zu überschreiten, und ähnliche Faktoren).

Gelegentlich aber, vielleicht alle vier Wochen einmal, erlaube er sich, der Logik zu entsagen und einen Zug zu spielen, bei dem die Wahrscheinlichkeit, daß er sich zum Schaden auswirke, zu hoch oder das Potential, einen Sieg zu forcieren beziehungsweise einen Rückstand in einen Vorteil zu verkehren, zu gering sei, einen Zug also, den er objektiv für falsch halten müsse und dennoch spiele, weil etwas ihm einflüstere, alle Bedenken fahrenzulassen, nicht mehr nachzudenken und einfach zu tun, wonach ihm der Sinn stehe – es sei nun einmal ein Spiel, sagte Wilhelm mit Nachdruck, kein Glücksspiel, gewiß, aber jedenfalls für ihn, der Backgammon als Berufung, aber nicht als Beruf begreife, eben doch ein Spiel, bei dem er im Unterschied zur Arbeit das Privileg nutze, sich nicht immer nur für das Richtige zu entscheiden. Natürlich ärgere er sich fürchterlich, wenn der Zug sich tatsächlich als das vorhersehbare Fiasko erweise, zumal der Geschmack für das Unvernünftige sich immer nur dann einstelle, wenn das Spiel auf der Kippe des Abends stehe, aber dafür sei die Freude, ja die tief empfundene Lust am Leben, am Dasein in gerade diesem Kneipenaugenblick unter seinen Freunden, zu denen er auch mich zählt, um so größer, wenn er gegen alle Vernunft recht behalte, und wenn er das Verhältnis zwischen dem Ausmaß und der Wahrscheinlichkeit des Ärgers in seinen verschiedenen Varianten einerseits und dem Ausmaß und der Möglichkeit der Freude in ihren verschiedenen Varianten recht bedenke und dabei auch die allgemeine Spielsituation berücksichtige (ob er dem Gegner einen unerwarteten Triumph wenn schon nicht wünschen, so doch gönnen würde, ob die Aussicht bestehe, aus dem Handgelenk das Gelingen eines bis dahin mißratenen Abends zu zaubern, der durch ein weiteres Desaster kaum noch zusätzlich eingetrübt werden könne, allerdings auch, ob er in Gefahr gerate, das bereits angesprochene Limit des finanziellen Verlustes zu überschreiten), wenn er diese und andere Faktoren mehr, an die ich mich nicht erinnere, berücksichtige, dann scheine ihm der unvernünftige Zug gerade einen rationalen Spieler auszuzeichnen, da ein solcher und nur ein solcher Zug jene besondere Lust des unverdienten Glücks beschere, für das er die regelmäßige Reue auch bei nüchterner Betrachtung in Kauf nehme. Freilich setze die Vernunft des Unvernünftigen voraus, daß der unvernünftige gegenüber dem vernünftigen Zug die relativ genau zu berechnende Ausnahme bleibe, ein Verhältnis, das zu veranschaulichen Wilhelm einen zweiten Bierdeckel zur Hand nahm.

Von der Dichtung

Ein befreundeter Schriftsteller berichtete mir, daß er den begabtesten unter seinen Schülern, einen jungen Schwaben oder Badener oder Württemberger – weder er noch ich konnten die Regionen genau unterscheiden – mit dem bezeichnenden Namen Stefan Hegel, aus dem Seminar ausschließen mußte, das er vor einigen Wochen auf Einladung einer konzernnahen Stiftung angehenden Autoren und Autorinnen gab, weil dieser Hegel die Lesung der Texte, die besprochen werden sollten, regelmäßig unterbrach und teilweise bei jedem dritten oder vierten Satz Einwände erhob, aufschrie, aufstand oder in Tränen des Entsetzens, der Entrüstung oder der Verzweiflung ausbrach. Mehrfach habe dieser Hegel das Buch oder die Seiten, aus denen manchmal der Schriftsteller, meistens die Schüler lasen, kurzerhand an sich gerissen, um sie am Vortrag zu hindern, zweimal sei er sogar in Ohnmacht gefallen.

Er sei ihm schon aufgefallen, als er die Bewerbungen für das Seminar durchgesehen habe, die die Mitarbeiterin der Stiftung ihm nach einer Vorauswahl zur letzten Entscheidung zugesandt hatte, sagte mir der Schriftsteller, denn dieser Hegel habe ein vierundachtzigseitiges, eng bedrucktes Manuskript eingereicht, das einzig aus der Erklärung bestand, warum er nie je eine Erzählung oder ein Gedicht werde schreiben können. Wenn ich meinen Bekannten, den Schriftsteller, richtig verstanden habe, ging es diesem Hegel in etwa darum, an einem einzigen Beispiel, nämlich einer Reise im Flugzeug beziehungsweise einem einzigen Augenblick während eines Flugs, der ihn ein paar Tage zuvor von London nach Stuttgart geführt hätte, zu illustrieren, warum es unmöglich geworden sei, in Worte zu fassen, was er oder überhaupt ein Mensch in einer Sekunde gleichzeitig sehe, höre, rieche, denke, was er an der Haut und im Gemüt spüre. Dafür diskutierte er zunächst im Detail zwei winzige Textbeispiele älterer Autoren, denen eine solch umfassende Darstellung (die übrigens keineswegs im herkömmlichen Sinne realistisch zu sein trachtete, vielmehr aus der Erfahrung ein Wesentliches poetisch komprimierte) noch möglich gewesen sei, um anschließend anhand derselben Sätze strikt sprachhistorisch aufzuzeigen, daß sie heute nicht mehr mit derselben Intention geschrieben werden könnten und eine völlig veränderte Bedeutung erführen, würde der Leser meinen, sie stammten von einem zeitgenössischen Autor.

Um die Unendlichkeit eines jeden potentiellen Gegenstandes zu demonstrieren, schilderte dieser Hegel anschließend in einer Präzision, wie sie mein Bekannter nach eigener Aussage noch nie zuvor gelesen hatte, jede Einzelheit, die er als Reisender in einem Flugzeug gleichzeitig wahrnahm, dachte oder fühlte, fand jedoch hinter und neben jeder Regung, jedem Eindruck, jeder Assoziation noch ein nächstliegendes Detail, das er im selben Moment wenn nicht reflektiert, so doch mindestens registriert habe, und so setzte sich die Beschreibung immer weiter fort, bis sie nach vierundachtzig Seiten abbrach, als sie gerade die vom Netz des Vordersitzes zur knappen Hälfte umgeknickte Umschlagseite des Bordmagazins erreicht hatte und dazu übergehen wollte, die Farbe und Form der zweieinhalb Buchstaben zu benennen, die vom Namen des Magazins zu erkennen waren.

Wenn ich meinen Bekannten, den Schriftsteller, richtig verstanden habe, hatte dieser Hegel bis dahin, also auf den gesamten engbedruckten vierundachtzig Seiten, überhaupt erst vier Gerüche unterschieden sowie einige optische Merkmale des Vordersitzes aufgezeichnet, auf dem sein Auge ruhte, nichts weiter. Man kann also das Ausmaß, oder, um genauer zu sein und zugleich dem jungen Hegel zwar nicht postum, aber doch leider post festum Genugtuung zu verschaffen, man kann die Unendlichkeit dessen erahnen, das zu beschreiben gewesen wäre, hätte Hegel es nicht vorzeitig aufgegeben, die Wirklichkeit einer einzigen Sekunde zur Sprache zu bringen. Ob das abrupte Ende auf die Resignation des Autors oder im Gegenteil auf die Gewißheit zurückzuführen sei, seine anfängliche Behauptung hinreichend bewiesen zu haben, darüber war sich mein Bekannter nicht schlüssig.

Das Manuskript habe ihn nicht eben unterhalten, dazu war es bei aller Sympathie für die Detailfreude des Autors zu eintönig, doch hätten ihn die Genauigkeit der Beschreibungen, die Brillanz der Formulierungen, vor allem die Besessenheit, der heilige Ernst des Autors beeindruckt, ja überwältigt (und wenn ich verriete, um wen es sich bei meinem Bekannten handelt, wüßte man, wie schwer er zu beeindrucken, geschweige denn zu überwältigen ist); es sei großartig gewesen, eintönig zwar, aber großartig, das Beste, was er seit langem gelesen habe, deshalb habe er nicht gezögert, diesen Hegel zu dem Seminar einzuladen, das übrigens in Südtirol, nicht unweit von Roverda, stattfand, wo Goethe das geliebte Italienisch zum ersten Mal lebendig vorfand. Im Seminar nun gelang es meinem Bekannten nur dann, sich halbwegs normal mit diesem Hegel zu verständigen, wenn nicht gerade ein literarischer Text verlesen wurde. Die Motive, die Hegel für sein Verhalten angab, waren ausschließlich sprachlicher und literarischer Art; andere, etwa biographische oder gesellschaftspolitische Beweggründe brachte mein Bekannter, der ihn zwei- oder dreimal auf einen Spaziergang mitnahm, nicht in Erfahrung. Mochte er außerhalb des Seminarraums noch so glaubhaft versichern, den nächsten Vortragenden nicht mehr zu unterbrechen, so konnte sich dieser Hegel im Seminar dennoch nie beherrschen, bis meinem Bekannten am Nachmittag des dritten Tages nichts anderes übrigblieb, als den Ungestümen fortzuschicken, der darüber so erzürnt war, daß er gegen meinen Bekannten ausfällig wurde und dessen Werke verspottete.

Am meisten habe ihn, den Bekannten und Schriftsteller, geschmerzt, daß dieser Hegel keineswegs immer unrecht hatte, wenn er einen vorgetragenen Text verriß, daß seine literarische Urteilskraft außer Frage stand. Aber was hätte er tun können? fragte mich mein Bekannter, er habe sich schließlich auch den anderen Schülern gegenüber verpflichtet gefühlt, zumal dieser Hegel sich auf gar keine Diskussion eingelassen, sondern seine apodiktisch geäußerte Kritik allenfalls stetig wiederholt habe, sobald ihm jemand widersprach. Wie er befürchtet habe, sei das Seminar auch nach dem Ausscheiden Hegels nicht in Gang gekommen, sei es, weil er selbst zu fahrig oder aber die übrigen Teilnehmer zu untalentiert waren. Nun ärgere er sich, daß er Hegel das vierundachtzigseitige Manuskript im Zorn zurückgegeben habe, nicht ohne einen verletzenden Kommentar. Er habe nach seiner Rückkehr vergeblich versucht, ihn anzurufen, und ihm einen Brief geschrieben, aber noch keine Antwort erhalten. Mein Bekannter schien in einem Maße mitgenommen zu sein, das in keinem Verhältnis zu dem Vorfall stand; er wirkte müde und gealtert, wenngleich ich natürlich nicht weiß, ob sein äußerlicher Zustand wirklich nur dem Seminar zuzuschreiben war. Immerhin sagte der Bekannte, er habe seither keine Zeile mehr zu Papier gebracht und nicht einmal den Abschlußbericht schreiben können, den die Stiftung von ihm erwarte. Andererseits sind Phasen der Lethargie auch für einen so bedeutenden und prominenten Schriftsteller wie ihn nicht ungewöhnlich und liegt das Seminar, wie erwähnt, bloß einige Wochen zurück, so daß ich hoffen darf, er werde bald schon wieder an den Schreibtisch zurückkehren und dann womöglich selbst und ungleich besser, als ich es je vermöchte, über diesen Hegel schreiben, der doch selbst zum Gegenstand der Dichtung taugen würde.

Von der Tugend

Moritz Pollesch hat einen Freund namens Albrecht, der behauptet, er würde seinen neunjährigen Sohn in zwei bis drei Jahren töten. Obwohl Moritz sich nicht vorstellen kann, daß Albrecht zu dem Verbrechen überhaupt fähig wäre, ist er natürlich besorgt und erschreckt über die bloße Idee eines Freundes, der ihm wie die Tugend in Person vorgekommen war, ein nachdenklicher und bei aller penetranten Vorbildlichkeit doch herzensguter Mensch, wie Moritz beteuerte, als er heute nachmittag vorbeikam, um meinen Rat zu suchen. Ich muß nach Moritz' Schilderung davon ausgehen, daß Albrecht es jedenfalls zum jetzigen Zeitpunkt ernst meint mit seinem abscheulichen Vorhaben, in das er Moritz als seinen einzigen Zeugen eingeweiht hat, wiewohl nach dessen Einschätzung alle Hoffnung bestünde, ihn zur Vernunft zu bringen, schließlich müsse ihn doch die Fröhlichkeit seines Jungen rühren, eines phantastischen kleinen Kerls, wie Moritz findet. Auf meinen Vorschlag, mit Albrechts Frau zu sprechen oder im Notfall das Jugendamt oder gar die Polizei zu benachrichtigen, erwiderte Moritz, er habe sich das natürlich auch schon überlegt, doch sei Albrecht ein Mensch von beängstigender Geradlinigkeit, der sich durch nichts in der Welt von einem Entschluß abbringen ließe, den er für richtig halte. Weil er die Bestrafung in Kauf nehme, ja, sich gewiß selbst den Behörden stellen und den Bruch mit der Familie ebenso wie die Ächtung der Gesellschaft ertragen würde, gebe es keine Sanktion, die ihn davon abhalten könnte, den eigenen Sohn zu töten. Wollte man Albrecht durch vorbeugende Maßnahmen an der Tat hindern, würde er – nüchtern, wie er bei allem herausgekehrten Ethos kalkuliere – wahrscheinlich schlicht bestreiten, jemals die Ab-

30

sicht geäußert zu haben, seinen Sohn zu töten; und selbst wenn man den Fall durchspielte, daß er – aus welchen Gründen auch immer – das Sorgerecht für seinen Sohn verlöre, lebte dieser keineswegs in Sicherheit, da man den Vater schließlich nicht lebenslänglich ins Gefängnis stecken könne und es ebenso abwegig sei, ihn in die Psychiatrie einweisen zu wollen, solange er im Alltag nicht die geringsten pathologischen Anzeichen zu erkennen gebe.

Er habe bei Albrecht wohl eine gewisse Überspanntheit in seinen Äußerungen zu Ethik, Weltanschauung oder Politik registriert, sagte Moritz, eine Unfähigkeit, Nachsicht etwa gegenüber jenen Mitmenschen und vor allem Politikern zu üben, die sich in seinen Augen des Opportunismus, der unnötigen Kompromisse, der mangelnden Konsequenz schuldig machten, aber daß sein Freund verrückt geworden sei, diese Idee sei ihm erst nach dem gestrigen Abend gekommen, obwohl Albrecht dann noch vollkommen normal, ja vernünftig gewirkt habe, als er von dem bevorstehenden Mord an seinem Sohn sprach; Albrecht habe seine Motive so klar, mit solch entschiedener Vernünftigkeit auseinandergesetzt, daß Moritz ihn am Ende nur noch pauschal des Irrsinns beschuldigt habe, ohne im einzelnen widersprechen zu können. Warum denn um Gottes willen Albrecht seinen Sohn umbringen wolle, wollte ich dringend erfahren, worauf Moritz mir Albrechts Ansicht darlegte, daß der Mensch seine einzig glücklichen Jahre – wenn überhaupt – in der Kindheit verbringe, etwa bis zum sechsten Lebensjahr. Vor der Frage stehend, ob er Kinder haben wolle, habe Albrecht lange gezögert und schließlich gefunden, daß es sich für die Kindheit durchaus lohne, geboren zu werden, das Leben später aber zunehmend unerträglich werde, wie er aus eigener Anschauung wisse. Er selbst bringe sich nur deshalb nicht um, weil seine Weltanschauung verlange, dem Feind, als den er das Schicksal betrachte, zu trotzen, aber einem Kind könne er weder guten Gewissens das Leben und noch nicht einmal die quälende Entscheidung zumuten, ob man es eigenhändig beende oder verharre, bis das Ende von selbst eintrifft. Weil Albrecht das Glück kenne, das die ersten Jahre einem

Menschen bescheren können, habe er dem Wunsch seiner damaligen Freundin und heutigen Frau nach zumindest einem Kind zugestimmt und zugleich für sich beschlossen, es zunächst auf Rosen zu betten und dann rechtzeitig umzubringen, bevor das Leben zur Strafe werde. Zwar halte er nur die frühe Kindheit für lebenswert, doch wolle er nichts überstürzen und die Konsequenzen seiner Einsicht erst ziehen, wenn sie keinen Zweifel mehr erlaube. Als jemand, der viel erlebt und noch mehr nachgedacht habe, wisse er, daß die nagende Unsicherheit, die sich spätestens mit der Pubertät ausbreite, den Menschen nie wieder verlassen, sich allenfalls in andere, tiefere Schichten eingraben werde, sofern er sich ein Bewußtsein seines Schicksals bewahre; unreflektiert zu leben, dafür setze er kein Kind in die Welt.

Ohne ihn verwöhnt zu haben, habe er seinem Sohn die denkbar schönsten Jahre bereitet, jede Minute mit ihm genossen und darauf geachtet, daß der Junge selbst das Leben genieße, daß er Spaß habe und Freunde, ein Elternhaus, in dem er sich geborgen und geliebt fühle. In spätestens zwei, drei Jahren aber, wenn dem Sohn die eigene Einsamkeit aufgehe, könne er ihm nicht mehr helfen, sei er dem Schrecken doch selbst hilflos ausgesetzt, habe Albrecht gesagt. Nur eine einzige Tat bleibe ihm dann noch, um dem Sohn beizustehen, nämlich ihn vor dem weiteren Leben zu bewahren. Moritz bestätigte, daß der Junge auffällig ausgeglichen und sorgenfrei wirke, und verstieg sich dazu, Albrechts Auffassung jedenfalls nicht für abwegig zu halten, wonach die erfüllte Kindheit des Sohnes sich auch der Entscheidung des Vaters verdanke, alle Liebe in die ersten Jahre zu legen. Aber die Mutter, wandte ich ein, wie könne Albrecht es seiner Frau antun, das einzige Kind zu töten? Das habe er Albrecht natürlich ebenfalls gefragt, meinte Moritz; geantwortet habe Albrecht, daß seine Frau unter dem Tod unmöglich mehr leiden würde als er selbst, der zusätzlich zu der maximalen Trauer, die ihm bevorstehe, auch noch die Zerstörung seiner gesamten Existenz mitsamt der Ehe, die Haft, das Stigma, schließlich auch die Gewissensbisse werde ertragen müssen, die ihn bei aller Überzeugung von der Tugend seines Handelns lebenslänglich quälen würden. Aber genausowenig wie sich selbst erlaube er seiner Frau, den Sohn sehenden Auges in das Unheil gehen zu lassen, nur weil sie selbst den Verlust nicht zu ertragen glaube.

Von der Neugier

Wie mir mein jüngerer Cousin Dariusch in der Halbzeitpause eines gewohnt trostlosen Spiels im Müngersdorfer Stadion entdeckte, konnte Heiko Taylor, den er aus drei gemeinsamen
Jahren in einem norddeutschen Internat kennt, Stunden, nein Tage,
ganze Wochen damit verbringen, für sich oder einen beliebigen Bekannten einen Flug zu buchen. Dabei beschränkte er sich keineswegs darauf, die je nach Budget billigste oder schnellstmögliche Verbindung beim preiswertesten Anbieter zu ermitteln, sondern bezog
auch eine etwaige Vertrautheit mit dem jeweiligen Reisebüro als be-
günstigenden Faktor in die Kalkulation ein, bewertete die Qualität
der Fluggesellschaft und nicht zuletzt die Effizienz ihres Vielflieger-
programms, vergaß nicht die Anzahl und Fülle der angebotenen
Speisen zu bedenken, verglich das Fluggerät, berücksichtigte die Sicherheit und Bequemlichkeit des Flughafens, an dem man umsteigen muß, rechnete den Abstand zwischen den Sitzreihen aus und
prüfte die Sonderkonditionen genau und hier insbesondere, wie
teuer eine etwaige Umbuchung ausfallen würde, für wie groß oder
klein der Passagier die Aussicht hält, umbuchen zu müssen, und
wie viele alternative Flüge die jeweilige Fluggesellschaft pro Tag
oder Woche anbietet. Wie aus den gebundenen Aufzeichnungen
hervorgeht, die Heiko meinem Cousin geschickt hat, fühlte er sich
im Falle von Interkontinentalflügen außerdem verpflichtet, die Tageszeit des Fluges sorgsamst abzuwägen, da er die Beobachtung gemacht habe, daß es sich mit Kindern auszahle, abends abzufliegen,
Erwachsene in der Economyclass jedoch ansonsten, sofern sie über
empfindliche Rücken oder keinen ausgeprägt guten Schlaf verfüg-
ten, vermeiden sollten, die Nacht im Himmel zu verbringen. Spe-

ziell bei Economy-Buchungen hielt er es darüber hinaus für eine Selbstverständlichkeit zu fragen, ob der gewünschte Sitzplatz vorab zu reservieren sei, und im Falle eines negativen Bescheids die Wahrscheinlichkeit zu kalkulieren, den gewünschten Sitzplatz am Schalter zugesprochen zu bekommen.

Nur um die Gewissenhaftigkeit anzudeuten, mit der Heiko seiner Aufgabe nachging, erwähne ich an dieser Stelle beispielhaft, daß der Komplex des Sitzplatzes den Buchenden nicht bloß vor die Alternative zwischen Gang und Fenster stellte, sondern auch aus der Frage bestand, ob man etwa als gemeinsam reisendes Paar allein auf einer Zweier- oder als Trio auf einer Dreierbank zu sitzen hoffen dürfe, und auch die Chance möglichst genau berechnete, ob die Maschine womöglich so schwach gebucht sein könnte, daß man als Paar eine Dreierbank für sich beanspruchen könne. Letzteres hing mit der Bestuhlung zusammen, dem Verhältnis also etwa von Sitzplätzen insgesamt und denjenigen am Fenster (in einem Jumbo Jet, so bin ich aufgeklärt worden, ist es aufgrund der Vielzahl von Sitzen pro Reihe statistisch schwieriger, einen Fensterplatz zu bekommen, als in einem Canadair-Jet oder gar in einer kleinen Saab 2000, die links vom Gang nur einen einzelnen Platz anbietet); der Stuhlkomplex erklärt vor allem jedoch die Neigung Heikos, zwar weitgehend selbständig im Internet zu recherchieren, die eigentliche Buchung dagegen, unter Inkaufnahme eines Aufpreises, der freilich fünfzehn bis zwanzig Euro nicht überschreiten sollte, bei einem der Reisebüros vorzunehmen, mit denen er seit Jahren zusammenarbeitet, da er etwa die Buchungslage und manche andere wichtige Einzelheiten, von denen er im Lauf der Zeit erfahren hat, nicht am eigenen Computer einsehen kann. Der Mensch ist ein Mensch, weil er anders ist als andere Menschen, hat Heiko den Aufzeichnungen als Motto vorangestellt, auf das ich mich in meiner Darstellung stütze, war doch die Halbzeitpause viel zu kurz, ich viel zu deprimiert und mein Cousin viel zu geschwätzig, als daß ich bereits im Stadion hätte in die Materie eindringen können, und im Vorwort zieht er Marco Polo und Bruce Chatwin heran, um die Individualität einer jeden Buchung zu reflektieren, die sich nicht erst den persönlichen Vorlieben und Erwartungen verdanke, sondern schon viel früher, bei objektiv vorhandenen oder nicht vorhandenen Tatbeständen einsetze. Schon die Existenz einer privilegierenden Kundenkarte wie der Lufthansa Frequent Traveller Card mische die Komponenten, die es bei jedem Vorgang abzuwägen gelte, auf einen Schlag neu, indem sie zugleich die Effizienz des Meilensammelns und die Wahrscheinlichkeit erhöhe, den erhofften Sitzplatz zu erhalten, und zudem den Mangel einer Umsteigeverbindung oder generell von Wartezeiten abmildere, da sie Zugang zu den sogenannten Lounges eröffne, denen Heiko auffallend sentimental verbunden zu sein schien. Meinem Cousin gegenüber hat Heiko ähnlich erregt von den Lounges gesprochen wie Feinschmecker von bestimmten Restaurants, von den vielen, die er bereits kannte, aber auch über diejenigen Lounges, die zu besuchen sich noch nicht der Anlaß einer Reise oder einer passenden Umsteigeverbindung gefunden hatte, und auch in seiner Aufzeichnung widmete er dem Loungekomplex eines der längsten Kapitel, das sich zudem durch seinen beinah privatimen Ton von den übrigen abhob. Er schildert darin, wie er bei eigenen Buchungen allen Ehrgeiz daransetzt, auf dem Weg bei einer geschätzten oder noch unbekannten, für attraktiv oder kurios gehaltenen Lounge haltmachen zu können, wofür er persönlich mehrstündige Wartezeiten und einen bedeutenden, freilich nicht quantifizierten Aufpreis in Kauf zu nehmen bereit sei.

Bei einem solchen, in diesem Falle besonders aufwendigen Zwischenhalt, der Heiko allein dazu diente, die dortige Lounge kennenzulernen, traf es sich auch, daß er meinem Cousin, dem er seit dem Abitur vor zwölf Jahren nur auf einem einzigen Klassentreffen begegnet war, beinah zwangsläufig von der Passion der Flugbuchung erzählte, schließlich mußte er die natürliche Frage meines Cousins beantworten, was ihn denn auf den Mehrabad Flughafen von Teheran verschlagen habe. So erfuhr mein Cousin, daß man von Hamburg nach Bombay mit der Iranair fliegen könne, eine Option, die er wegen des direkten Fluges von seinem Wohnort Hamburg nach Teheran sogar anderen Norddeutschen empfehlen könnte, wenn sie nicht zu teuer wäre und wegen der ungünstigen Flugzeiten einen Zwischenaufenthalt von mehr als elf Stunden nötig machte. Als mein Cousin, der mit Austrian Airlines über Wien nach Köln zurückfliegen wollte, nachts gegen 2.30 Uhr die Lounge betreten habe, habe Heiko, dessen Flug für 8.20 Uhr angesetzt war, auf einem der zweisitzigen Ledersofas, die ich aus eigenen Aufenthalten kenne, die Beine über die Lehne geschlagen. Nicht nur weil kein Alkohol ausgeschenkt wurde, sei ihm die Teheraner Lounge so trist vorgekommen, daß er es beinah bereute, sich auf die Iranair eingelassen zu haben, obwohl es ihn andererseits immer noch freute, wenigstens das eine Mal mit uns Iranern geflogen zu sein, habe er doch endlich die Neugier auf eine der ganz wenigen Lounges in der Welt gestillt, von denen er definitiv gewußt habe, daß sie existierten, ohne auch das geringste über sie in Erfahrung bringen zu können: ein Sinnbild des Fremden, des Fernen, des Geheimnisvollen, dem Heiko einmal im Leben habe nachspüren müssen, brüllte mein Cousin mir ins Ohr, als wir uns schon, von irrationaler Erwartung erfüllt, für den Einlauf der Mannschaften erhoben. Weder im Internet noch auf die telefonischen und schriftlichen Anfragen beim Frankfurter Büro der Iranair, dem iranischen Generalkonsulat in Hamburg und der Kulturabteilung der iranischen Botschaft in Berlin habe er Informationen über die Lounge des Mehrabad Flughafens erhalten, und weil er seit dem Abitur auch keinen Iraner mehr kennen würde, den er hätte fragen können, habe es ihn lange schon gereizt, sich persönlich kundig zu machen, bloß daß ihm bislang jeder berufliche Vorwand gefehlt habe, nach Iran zu reisen, zog er es doch als Urlaubsland nicht in Betracht, wie mein Cousin süffisant bemerkte, während die Mannschaften zur zweiten Halbzeit einliefen. Als Heiko aber beim Nachdenken darüber, wo er die nächsten Ferien verbringen könnte, eingefallen sei, daß Iranair unter anderem Bombay und Bangkok anfliege, habe er sich für Goa entschieden, weil ihm im Vergleich zu der thailändischen die Welt des innerindischen Fluges Terra incognita gewesen sei. Der zusätzliche Anreiz indischer Ferien, sich auf seinen ersten indischen Inlandsflug und die gewiß exotischen

Lounges von Bombay und Goa freuen zu dürfen, sei im Vergleich zu der Neugier, die er in Teheran zu befriedigen hoffte, zwar ursprünglich minimal gewesen, habe sich aber mit zunehmendem Aufenthalt in Mehrabad als immer bedeutsamer erwiesen, um die UDSSR minus Wodka, wie Heiko es genannt habe, mit Fassung zu tragen.

Weil sich mein Cousin – mehr aus Höflichkeit, wie er mir gegenüber versicherte – interessiert gezeigt habe, hätte ihn Heiko bis zum Abflug der Austrian Airlines mit Einblicken in das Handwerk der Flugbuchung ausgestattet, von denen er, mein Cousin, der als neuernannter Geschäftsführer des väterlichen Teppichgeschäftes selbst viel reisen muß, künftig durchaus profitieren werde. Als er zum Abschied Heiko gefragt habe, ob er ihn vor dem nächsten Flug ebenfalls zu Rate ziehen könne, hätten sie sogleich die Visitenkarten ausgetauscht und vereinbart, bei allernächster Gelegenheit zu telefonieren, da Heiko nicht abgeneigt gewesen sei, sich von meinem Cousin umgekehrt in der kaum minder sensiblen Angelegenheit des Teppichkaufes beraten zu lassen, wie mir mein Cousin mit demselben Augenzwinkern sagte, mit dem er mich beim Backgammon zu übertölpeln pflegt. Einige Wochen später, unmittelbar nach Heikos Rückkehr aus Goa, von der mein Cousin nicht zu sagen wußte, ob sie ihm einen erneuten Aufenthalt in der Lounge des Mehrabad Flughafens beschert hatte, habe er als Büchersendung, ohne jeden weiteren Kommentar, das vierzigseitige Vademekum in der Post vorgefunden, in dem Heiko wohlgeordnet die Erkenntnisse zusammengetragen hatte, die ihn bei der Flugbuchung leiten. Auf so einen Schwachsinn müsse ich doch neugierig sein, rief mein Cousin just in dem Augenblick, da meine Neugier auf den Flugbuchungskomplex sich wegen des Anpfiffs in Nichts auflöste.

Von der Sehnsucht

Vorgestern erzählte mein Kumpel Holger in der Kneipe, die zu meinem Glück gleich um die Ecke liegt, daß er vor drei Wochen eine Sibylle Severin kennengelernt habe, als er bei Saturn, also praktisch nebenan, einen Kühlschrank für seine erst kürzlich erweiterte Familie kaufen wollte, eine Fachverkäuferin mittleren Alters, die schon aus der Ferne eine tiefe Vertrautheit mit Küchen und ihren Geräten ausgestrahlt habe. Groß sei sie gewesen, sagte Holger, bestimmt einen Kopf größer als ich, mit kastanienbraunen Locken, die deutlich über ihre breiten Schultern reichten. Das Namensschild trug sie an der firmenblauen Bluse, die, obwohl weit geschnitten, die Fülle ihrer Brüste mehr als nur erahnen ließ. Frau Severin klärte Holger darüber auf, daß sich die Kühlschränke von Firmen wie Bosch, Liebherr, Siemens oder AEG qualitativ und auch im Hinblick auf den Energieverbrauch kaum voneinander unterschieden und er also ohne Scheu allein die Optik, die Größe, das Volumen und natürlich den Preis zum Kriterium nehmen könne, wobei letzterer in der Regel nur geringfügig variiere. Die Marken mit amerikanisch klingenden Namen schieden für Holger aus – mag er für sein antiimperialistisches Weltbild auch nicht mehr streiten, so ist es ihm dennoch stets gegenwärtig. In Frage gekommen wäre allenfalls jener slowenische Hersteller, von dem deutlich preiswertere Geräte ausgestellt gewesen seien, doch habe Frau Severin deren Zuverlässigkeit bezweifelt, man müsse da einfach Abstriche machen bei diesen Ostprodukten, habe sie wörtlich gesagt, die seien noch lange nicht auf unserem Stand. Immerhin attestierte sie dem Osten, aufgeholt zu haben, besonders die Tschechen und Slowaken seien tüchtige Leute, das sähe man auch an ihren Autos, die zum Teil längst mit denen der Europäer konkurrierten, soweit sie, die blaugewandete Kühlschrankexpertin von Saturn, das beurteilen könne.

Offenbar hat Frau Severin einen tiefen Eindruck hinterlassen. Holger konnte nicht mehr aufhören, über sie zu sprechen, und erwog bereits, sich nun auch eine Dunstabzugshaube zu besorgen: Mit Kind brauche man das einfach, und seine Freundin habe eine solche Anschaffung angemahnt, seit sie bei ihm eingezogen sei. Schon der Umstand, daß er beim Guinness – das ich schon aus Lokalpatriotismus nicht mit ihm teilte – über den Kauf eines Kühlschranks sprach, war erstaunlich genug, aber die Sorgfalt, mit der er jede Einzelheit seiner Begegnung mit der Fachverkäuferin schilderte, machte mich schlicht sprachlos, denn er ist niemand, der an der Theke viel redet, und wenn er es doch tut, dann am liebsten über die Globalisierung, den Politikerfilz und ausgerechnet Borussia Mönchengladbach, ein Überbleibsel aus den früheren Tagen seines Widerstands, als Netzer, man erinnert sich, wehenden Hauptes das Kapital austrickste. Ich spürte, daß ihm etwas Besonderes widerfahren war, etwas Außergewöhnliches, nur ahnte ich nicht im entferntesten, was es gewesen sein könnte. Holger fuhr fort, das Gespräch wiederzugeben, das er mit Frau Severin geführt hatte, und vergaß nicht, so wichtige Details zu erwähnen wie ihre Angewohnheit, während der Beratung mit der Hand über den Kühlschrank zu streichen, der zur Rede stand; sie riet ihm zu, ein blaues Modell der Marke Liebherr zu kaufen, nicht weil Liebherr dafür bekannt sei, gute Kühlschränke zu bauen – Mercedes unter den Kühlschränken, heiße es zwar, aber zwischen den großen Herstellern fielen die Unterschiede praktisch nicht ins Gewicht, bekräftigte Frau Severin, wer das Gegenteil behaupte, sei der Werbung auf den Leim gegangen, da dürfe Holger nicht alles glauben, warnte sie und verkannte, daß mein Kumpel prinzipiell nichts von dem glaubt, was die Medien behaupten, und sogar die Bundesliga, vor allem aber die Champions League gleich dem Wrestling für ein abgekartetes Spiel hält, was ich ihm schon mehrfach auszureden versucht habe, aber das ist jetzt auch egal, denn um Marke und Image ging es wirklich nicht, sondern schlicht um die Optik, es war die schöne Form, wegen der Frau Severin meinem Kumpel zum blauen Liebherr riet, dieses dunkelmetallene Blau sei etwas Besonders, etwas ganz Modernes, das habe nicht jeder, da sei man ästhetisch vorneweg. Holger fügte zur Erläuterung hinzu, der blaue Liebherr sei sozusagen die Avantgarde unter den Kühlschränken, eine Spitzensache.

Ich wagte nicht zu fragen, ob die Farbe des Kühlschranks jener der Bluse entsprach und seine Anziehungskraft auch der eindrucksvollen Erscheinung der Fachverkäuferin verdanke, die ihren letzten, herrlichen Urlaub in Tunesien verbracht hatte, wie Holger erfuhr, weil der Kühlschrank einen von beiden – ich weiß nicht mehr wen, oder vielleicht hat er es nicht erwähnt – an das tiefdunkle Blau des dortigen Mittelmeeres erinnerte. Sie haben sich wohl auch ausführlich über die Kücheneinrichtung meines Kumpels unterhalten und lange erwogen, ob der blaue Liebherr wirklich zu den selbstgebauten Regalen und der bunten Schar von Sperrmüllschränken passe, die er aus den Tagen Günter Netzers in sein jetziges Familienleben gerettet hat, aber gerade als Frau Severin – wegen der Totalästhetik, wie sie wörtlich gesagt habe – schon zum weißen, so soliden wie unauffälligen Bosch schwenken wollte, entschied sich Holger endgültig für den blauen Liebherr, übrigens das teuerste unter den erörterten Geräten.

Als ich ihn in der Kneipe traf, war der Kühlschrank noch nicht geliefert worden, und ich meinte Holger die bange Erwartung anzumerken, ob sich der blaue Liebherr tatsächlich in die Totalästhetik einfügen werde. Zwar gebe ein etwaiger Umtausch, zu dem ihn Frau Severin ausdrücklich befugt habe, Gelegenheit, das Gespräch über Kühlschränke fortzusetzen, doch bin ich mir nicht sicher, ob sich die Sehnsucht, von der mir seine ungewohnte Redseligkeit kündigte, wirklich auf die zweifellos nette, zweifellos kompetente Frau Severin richtete oder nicht doch auf den blauen Liebherr, den Mercedes unter den Kühlschränken. Ohne es belegen zu können, vermute ich, daß Holger gerade dann nicht zu Frau Severin zurückkehren wird, wenn sich der Einkauf als Mißgriff erweisen sollte, ja, ich behaupte, er würde den neuen Kühlschrank eher mit weißer Plastikfolie bekleben als vom Umtauschrecht Gebrauch machen; schließt er hingegen Freundschaft mit dem avantgardistischen Modell, dann kehrt er meiner Ansicht nach bald schon zu Saturn am Hansaring zurück, um sich von Frau Severin über den Kauf einer Dunstabzugshaube beraten zu lassen, nach der sich seine Freundin schon lange sehnt.

Vom Glauben

Eine Nachbarin aus dem Vorderhaus sagte, daß sie kürzlich ein Foto von Anton in der Zeitung gesehen habe, Anton Kurz, dessen Auszug vor drei, vier Jahren ich erst bemerkt hatte, als ich seinen Nachmieter mehrfach die Wohnung betreten oder verlassen sah. Später erfuhr ich, daß Anton zu seiner schwangeren Freundin gezogen war, die ich ein paar Mal gesehen hatte, einer deutlich jüngeren, gewiß herzensguten, aber wenigstens dem Anschein nach vollständig humorlosen Frau. Sosehr sich ihre Erscheinungen voneinander abhoben – nicht nur wegen ihres Alters: hochgewachsen sie, oft einen roten Rollkragenpullover am schlanken, auch kleinbrüstigen Leib und überhaupt für die Jahreszeit immer auffallend warm gekleidet, mit langen blonden Haaren und einem matten, beinah verhärmten Ausdruck im eigentlich harmonisch geformten Gesicht, wohingegen er sich in den Augen, die kaum auf ihre Schulter blickten, einen Rest von Genußsucht bewahrt hatte, selbst im Winter schwarze T-Shirts über dem kugelrunden Bauch und den schwarzen Bart über die Wangen hinaus bis fast unter die Augen trug, als wollte er die kahlen Stellen auf dem Hinterkopf kompensieren –, trotz der Unterschiede also wirkten sie für mich dennoch füreinander geschaffen, wenn sie mir im Treppenhaus, im Innenhof oder beim Einkaufen begegneten, beide gerade so wortkarg, daß sie den Eindruck der Unhöflichkeit vermieden, friedfertig allen Worten, Regungen und den immer müden Bewegungen nach, zu eigenbrötlerisch, wenn nicht zu schüchtern, um sich für die Welt und die Menschen zu interessieren, verschroben, gewiß, aber dabei zu leise, als daß es anderen als ihren unmittelbaren Nachbarn aufgefallen wäre. Spaßkanonen waren sie beide nicht, doch rührend in ihrer Zurückhaltung, dem gerade erkennbaren Lächeln zum nie versäumten Gruß, ihrer Sorge, niemanden zu stören, deren Grund ich in der Sorge vermute, gestört zu werden. Ich habe nie erfahren, wie die Freundin hieß, von der Anton ein Kind erwartete, als er aus der Wohnung im Hof auszog, ich erwähne sie nur, weil mir der Hinweis wichtig erscheint, daß Anton zwar allein lebte, aber im Leben nicht allein war, wie es einem Kauz wie ihm gewiß leicht hätte passieren können, doch ist die Erinnerung an die Freundin so blaß wie die Farbe ihres Gesichts, während ich mich an Anton gut erinnern kann, Anton Kurz, der mir merkwürdig nahegekommen und mich seitdem eine Spur aufmerksamer gegrüßt hatte, als wir uns ein einziges Mal unterhielten und er mir von seinem Beruf als Filmvorführer sprach, von der Verantwortung, der sich nur wenige Kollegen und schon gar nicht die Studenten, die immer wieder aushalfen, stellten.

Er meinte damit nicht bloß oder zum geringsten Teil, daß die Filmrollen vorsichtig angefaßt, der Apparat sorgfältig bedient, gewartet und gepflegt oder das Objektiv präzise eingestellt und während der Vorstellung in kurzen Abständen überprüft werden mußte, jene Aufgaben also, die ich selbst dem Beruf eines Filmvorführers zugeschrieben hätte, sich für ihn jedoch von selbst verstanden und wenigstens von den professionellen unter seinen Kollegen in der Regel korrekt ausgeführt wurden, wie Anton zugab, wenngleich er die computergesteuerten Projektoren nicht unerwähnt ließ, die sich immer weiter ausbreiteten, aber auch über sie klagte er nicht, da sie für ihn ohnehin einer anderen Welt angehörten, die, obwohl barbarisch und feindlich, ignoriert werden konnte, solange es in der Stadt mindestens ein, zwei Kinos gab, die dem Beruf des Filmvorführers noch Achtung schenkten. Nein, Anton Kurz hatte mich in die eigentliche Kunst der Filmvorführung eingeführt, die zwar die erwähnten technischen Tätigkeiten voraussetzte, aber eben nicht aus ihnen allein bestand. So hatte er mich etwa über die Gesichtspunkte aufgeklärt, die es bei der Regelung der Lautstärke zu berücksichtigen galt, ohne daß der Intuition dadurch alle Entscheidung abgenommen worden wäre, das Genre des Films zum

Beispiel, die Größe und Akustik des Saals, die Anzahl, aber zugleich das Alter und der Typus der Besucher, selbst das Wetter und die Tageszeit spielten eine Rolle, weil sie sich auf die Sensibilität der Ohren auswirkten, hatte Anton mit einem Bündel leerer Stofftüten in der Hand betont und war auch auf die Sorgfalt eingegangen, die er darauf verwendete, neue Mitarbeiter nicht nur in die Geräte, sondern auch in den Geist der Filmvorführung einzuführen. Er hatte über die Lagerung der Filmrollen gesprochen und das Vergnügen, das es ihm früher, in seinen frühen Jahren, wie er es nannte, bereitet habe, bei besonders langen Filmen die Rollen während der Vorstellung zu wechseln, nicht ohne die Unterbrechung selbst zu Beginn angesagt und damit aus dem Vorführraum herausgetreten zu sein. Inzwischen sei er froh, nicht mehr vors Publikum treten zu müssen, weil die Rollen groß genug seien, hatte er hinzugefügt wie jemand, der über die erwachsen gewordenen Kinder spricht, und ich hatte genuschelt, daß der Lauf der Zeit manchmal auch sein Gutes habe, und er hatte zugestimmt und geseufzt, manchmal schon. Dann war er auf die Zeit zu sprechen gekommen, die schönste und schwierigste Herausforderung seines Berufs.

Alles andere sei im Vergleich leicht zu erlernen oder für das Gelingen oder Mißlingen einer Vorführung von nachrangiger Bedeutung, von der Zeit dagegen, vom Rhythmus, den es für eine jede Filmvorführung neu zu entwickeln gälte, hinge alles ab. Und Anton hatte von der Verantwortung gesprochen, das Spiel der Sekunden zu gestalten, von der Lust, den Abstand punktgenau zu treffen, den er nach dem Dämpfen des Saallichtes einhalten müsse, bevor das Vorprogramm beginne, so daß die Leinwand in dem Augenblick hell werde, in dem das Saallicht gerade noch so flackere, falls keine besonderen Umstände vorlägen, das Publikum zum Beispiel nicht ungewöhnlich zahlreich und laut sei, in welchem Falle er den Anfang des Vorfilms ein wenig oder auch länger hinauszögern müsse, je nachdem, wie das Publikum reagiere, das könne man eben nicht voraussehen, das sei eben das Aufregende, und ich stelle mir noch heute vor, wie Anton in seinem Vorführraum steht und die

Vorführung wie ein Dirigent leitet, der im Orchestergraben verborgen bleibt, oder wie ein Priester, der die Last des Glaubens trägt, im festen Glauben, daß der Film alles ist und dennoch alles von ihm abhängt, dem letzten Rädchen. Er hatte noch von anderen Entscheidungen gesprochen, die den Rhythmus betrafen, und sich so gefreut, als ich ihm sagte, daß es mir bislang nicht in dem Maße bewußt gewesen sei, aber es stimme, jetzt, wo er es sage, falle mir auf, wie wichtig die Geschwindigkeit des Wartens für mich als Zuschauer sei, das verlangsamte Tempo allein könne dieses Kribbeln vor dem Film erzeugen, die Freude der Erwartung, wann gäbe es das schon im Leben?, und Anton der Weise hatte genickt.

Ich fragte ihn, ob nicht die Phase, die alles entscheide, jene zwischen dem Ende des Vorprogramms und dem Beginn des Hauptfilms sei. Da strahlte er mich an, wie ich es bei ihm noch nie gesehen, wie ich es mir bei ihm nicht einmal hatte vorstellen können, über die beiden runden Wangen hinweg lächelte Anton bis knapp unter die Ohren und wurde sogleich ganz ernst, als habe er beschlossen, mich für meine Sensibilität zu belohnen, indem er mich ins Zentrum seiner Kunst führen werde. Dieses keiner Vernunft zugängliche, objektiv sinnlose, jedesmal aufs neue überraschende Zuziehen des roten Vorhangs zwischen Werbung und Hauptfilm, das sei schlicht und ergreifend herrlich, das sei das Optimum, so nannte er es – und dann erst die Spannung, wenn das Saallicht vollständig erlösche, die in manchen Kinos oder zu manchen Tageszeiten dadurch in die Länge gezogen werde, daß das Licht zunächst für den Kollegen angehe, der Eis verkauft, aber gleichwie, am Ende käme es doch, das Dunkel, diese Zeitlosigkeit, die er so lange ausdehne, wie es an einem Abend nur möglich sei, ohne das Publikum zu verstören. Berüchtigt sei er für die lange Pause, sagte Anton, die schönsten Sekunden im Kino für ihn, auch wenn kein Abend vergehe, an dem er nicht die Leuchten für die Notausgänge verfluche.

Das war Anton Kurz, Anton der Weise, über den meine Nachbarin aus dem Vorderhaus einen Artikel in der Zeitung gelesen

46

hatte, kaum mehr als eine längere Notiz im lokalen Kulturteil, die nebenbei erwähnte, daß er vor zwei Jahren das Kino in Zollstock übernommen hatte, einen jener alten Säle aus den dreißiger, vierziger, allenfalls fünfziger Jahren, als die Straßenbahnen abends, wenn überhaupt, noch spärlicher fuhren und die Menschen im eigenen Veedel ins Kino gingen. Bestimmt hatte Anton sein eigenes Reich nicht haben wollen, um zu herrschen oder wegen des Ansehens, sondern um alles gut zu machen.

Die Zeitung schrieb, daß Anton sich mit einem jungen Kinobesucher geprügelt habe. Offenbar hat er den Jungen angegriffen, als dieser der Aufforderung nicht nachkommen wollte, das Kino zu verlassen. Das Kino sei zur Zeit geschlossen, weil Anton sich bei der Prügelei die Hand gebrochen und niemanden habe, der die Filme vorführe, auch niemanden einstellen wolle, stand in dem Artikel, den ich mir im Internet selbst besorgt hatte. Es sei fraglich, ob es überhaupt wieder öffnen werde. Wie berichtet, habe Anton sich tief verschuldet, und nun laufe außerdem ein Ermittlungsverfahren wegen Körperverletzung gegen ihn, das der Junge, der mit schweren Verletzungen im Krankenhaus liege, oder dessen Eltern angestrengt hätten. Die Zeitung schreibt, es sei zu befürchten, daß in Zollstock damit ein Stück Filmtradition zu Ende gehe, und ich frage mich, was aus dem Kind geworden ist, dem Baby, das seine Freundin doch erwartet hatte, als er bei uns auszog, und ob er noch seine Freundin hat und warum er sie nicht als Filmvorführerin angelernt hat, sie hätten sich die Last teilen, sie hätte ihn gut vertreten können, glaube ich, sie waren so vertraut, daß der Betrieb, hätte er ihr nur die Handgriffe beigebracht, wenigstens vorübergehend ohne ihn hätte weiterlaufen können, bis das Kind groß geworden wäre.

Von der Pflicht

Von Abdul, dem Kameraden aus kurzen, ertragarmen Nippeser Fußballtagen, erfuhr ich, daß Christian gestern drauf und dran gewesen sei, den Thekendienst zu verweigern, weil eine Bekannte von Ludwig, eine hübsche, aber zu gut gelaunte Brünette, nicht davon abzubringen war, ausgerechnet einen Lagavulin mit Cola und Eis zu bestellen. Wenn es nicht gerade heiße Getränke sind, fühlt sich Christian den Wünschen seiner Gäste prinzipiell verpflichtet, selbst einen Weißwein schenkt er mit Rücksicht auf rare Damen seit neuestem aus, und einen läppischen Whisky-Cola auf Eis, mag er auch nicht zum Standard gehören, kommentiert er allenfalls mit einem Achselzucken – aber einen Lagavulin in brauner Kohlensäure zu ertränken und ihn zu allem Überfluß noch im Todeskampf mit Eiswürfeln zu quälen, das war zuviel, das ging gegen sein Anstandsgefühl, das mußte Abdul gar nicht erläutern, das liegt auf der Hand, wenn man Christian kennt und die Kneipe, in der die meisten Stammgäste sich nur vom Sehen kennen: Man macht so etwas nicht mit einem Lagavulin. Wenn jemand nach einem ganz besonderen Whisky fragt, dann dreht Christian sich um, nimmt sich eines der kleinen, schmalen Gläser mit Stiel, die den heiligen sechs Flaschen vorbehalten sind, greift vorsichtig nach der großen mit der schlanken Taille und schenkt den Lagavulin mit der Sorgfalt eines Druiden ein, um das Glas mit gesenktem Kopf auf die Theke zu stellen, wie man einer Frau eine Rose hinlegt (wenn denn Frauen Lagavulin tränken). Ohne den Kopf zu heben, reglos, wartet er ab, wie der Gast das Glas an die Lippen führt, hoffentlich den Holzduft der Sherry-Fässer für ein paar Sekunden genießt und endlich trinkt, nur ein paar Tropfen trinkt, einen kleinen Schluck, der den Aufmerksamen zum Innehalten zwingt, da ein Lagavulin kein Whisky für den Western ist, den harte Burschen hinunterschütten, ohne abzusetzen, nein: Einem Lagavulin gibt man unweigerlich Raum und Zeit, damit er sich in Nase, Mund und Gaumen ausbreitet, wie Christian stets betont. Den Kopf hat er auch dann noch gesenkt, wenn das Wohlgefühl des Lagavulin sich in einer großen Welle vom Hals in die Brust und sogar bis in den Bauch und hinunter in den Po des Gastes ergießt, worauf sich unweigerlich Staunen, Freude und Dankbarkeit in dessen Atem und Gesichtszüge legen und Christian ein zufriedenes Seufzen geschenkt bekommt, ein Lächeln, ein Strahlen gar oder wenigstens ein anerkennendes Nikken mit auswärts gewölbter Unterlippe, wie ich es häufig beobachtet habe. Dann erst hebt Christian den Kopf und grinst von einem Ohr zum anderen, grinst breiter noch als Abdul, nachdem er mir den Ball durch die Beine gespielt hat, grinst aus Stolz und weil er die Reaktion vorausgesehen hat und den Genuß eines Lagavulin einem jeden freundlichen Mitmenschen aus so tiefem Herzen gönnt, daß er sich schon mehrfach bemüht hat, Abdul, der den Alkohol verschmäht und dennoch mittwochs nach dem Fußball in die Kneipe geht, wo ich ihn noch nächtens mit dem Glas Mineralwasser antreffe, Abdul also, den Frommen, zu einem Lagavulin zu überreden.

Als Christian nun gestern in gewohnter Weise zu dem Lagavulin griff, beim Einschenken aber von besagter junger Dame unterbrochen wurde, die in kindischer Pflicht zum Widerspruch kreischte, ihren Whisky auf Eis und in Cola trinken zu wollen, protestierte er nach Aussage Abduls gar nicht gegen den Wunsch an sich, sondern kündigte nur, ohne sich umzudrehen, an, die Cola mit einem anderen Whisky zu mischen, doch muß Ludwigs Bekannte dies als Kränkung aufgefaßt haben, als Chauvinismus vielleicht oder jedenfalls als männliche Überheblichkeit, da sie fröhlich darauf bestand, das Eis und die Cola mit einem Lagavulin zu trinken, nur mit einem Lagavulin, dessen Namen sie zu Christians zusätzlicher Entrüstung auch noch betont falsch, weil grausam amerikanisch aussprach, wie Abdul vermerkte. Ich kann nur vermuten, was daraufhin im einzelnen geschah, da mein Gewährsmann lediglich mitteilte, daß Christian drauf und dran gewesen sei, die Bestellung abzulehnen, am Ende aber den Lagavulin unter erbostem Kopfschütteln der Cola zum Fraße gab, um sich den Rest des Abends in verbittertes Schweigen zu hüllen, ich kann nur vermuten, daß Christian Ludwigs Bekannte zunächst freundlich auf den Preis hinwies, der bei einem Jack Daniels oder einem Johnny Walker mit Cola erheblich niedriger gewesen wäre, und ich vermute auch, daß Ludwigs Bekannte um so störrischer wurde, je ernsthafter Christian sie bedrängte, bis er tatsächlich den Chauvinisten hervorgekehrt haben dürfte, um noch entschiedeneren Trotz zu ernten, und des weiteren vermute ich, daß Christian Ludwig und dessen zwei übrige Bekannte, wahrscheinlich sogar andere Thekengäste und mithin selbst den Antialkoholiker Abdul, um Beistand gebeten hat, allein, was ich nie vermutet hätte: Am Ende erfüllte Christian, obwohl er alle Freiheit gehabt und es ihm vermutlich die Anerkennung der übrigen Chauvinisten eingebracht hätte, den Wunsch der Brünetten. Mochte sie gut gelaunt sein, wie sie wollte, sie blieb ein Gast, deren Wunsch er sich verpflichtet fühlte, solange er ihr damit keinen Schaden zufügte, aber den Schaden hatte in diesem Fall nur er selbst, insofern es ihm mehr als nur die Laune verdarb, einen Lagavulin der braun glitzernden Brühe auszusetzen, untätig zuzuschauen, wie sechzehn Jahre der Sorgfalt, der Liebe, der unbedingten Pflichterfüllung verloren und entweiht den Gaumen eines trotzköpfigen Mädels hinunterfließen, das nicht die geringste Ahnung davon hat, was es heißt, ein Glas Lagavulin vor sich auf den Tresen gestellt zu bekommen, ein Glas, das der Rose eines Liebenden gleicht, die nicht einmal aus Bosheit, nicht einmal aus Zynismus, sondern aus schierer Ignoranz zerknüllt und in den Aschenbecher gedrückt wird, zu den Kippen, zum Kaugummi und den abgebrannten Streichhölzern. Und dennoch hat Christian das Außergewöhnliche getan, obwohl ihm vor den Freunden mehr als nur ein Zacken aus der Krone gefallen sein, er hat nachgegeben, obwohl er sich vor sich selbst geschämt haben dürfte und den Dienst hinter der Theke verfluchte und an Gustav dachte, der mit ihm und ein paar anderen die Kneipe eröffnet, sich dann aber nach Irland abgesetzt hatte, in ein Haus nahe Kindsale unweit des Meeres. Er hat es getan, und je mehr ich es bedenke, desto tapferer finde ich Christian, weiß ich doch, daß er sich sogar jetzt noch über Ludwigs Bekannte aufregen wird und über Ludwig selbst, der so eine gut gelaunte Brünette in die Kneipe mitbrachte, er hat es getan, weil er der Pflicht, den Wunsch eines Gastes zu erfüllen, den unbedingten Vorrang vor seiner eigenen Empfindsamkeit gegeben hat.

Vom Scherz

Anke Pannke, die scherzhafte Eltern haben muß, denn wie, wenn nicht witzig soll der Reim gemeint sein, den sie der Tochter in den Namen gelegt haben, Anke Pannke, die also wirklich so heißt oder genau gesagt hieß, da sie bei der Hochzeit vor fünf Jahren erleichtert den Familiennamen ihres libanesischen Mannes Antun angenommen hat, der zwar so kompliziert ist, daß selbst ich ihn mir nicht merken kann, aber dafür versprach, sie von der schnell gesprochenen Abfolge ihres Vor- und Zunamens zu befreien, mit der ihre Freunde sie dennoch weiterhin rufen, was sie als Reminiszenz an ihre Jugend inzwischen beinah wohlwollend erträgt, Annkepannke erzählte mir, daß Antun ihr exakt seit dem vorletzten Hochzeitstag kein zärtliches Wort gesagt, sie außerhalb des Betts mit keiner intimen Geste berührt und nicht mehr mit ihr gescherzt habe, kein einziges Mal mehr mit ihr gescherzt. Weder stritte er mit ihr, noch sei er häufiger schlecht gelaunt, vielmehr so höflich und aufmerksam wie eh und je, und er ziehe sich auch keineswegs zurück, im Gegenteil: Mit seinen arabischen Freunden treffe er sich seltener, arbeite nicht mehr bis in jede Nacht und verbringe dafür mehr Zeit als früher mit ihr und Theodor, dem dreijährigen Sohn. Antun sei nicht gereizt, wirke nicht traurig, nicht lasse er es an einem freundlichen Wort fehlen, wenn sie vom Friseur komme oder ihre Eltern sie besuchten. Nichts werfe sie ihm vor, nichts könne sie ihm vorwerfen, denn alles, was sie oder überhaupt eine Frau von einem Ehemann erwarte, erfülle er, wenn nicht mit Enthusiasmus, so doch mit Zuvorkommenheit.

Vielleicht, daß er noch etwas stiller geworden sei und sie seltener miteinander schliefen, aber das könne sie nicht einmal mit Bestimmtheit sagen, denn eigentlich wirke alles normal, nichts in seinem Verhalten, seinem Umgang mit ihr habe sich eingetrübt, ja, um ihre Gesundheit, ihr finanzielles Auskommen, ihre Freunde sorge er sich eher mehr als früher, nur daß jene Zärtlichkeit des Wortes und der Berührung fehle, die sich nicht auf die Sexualität richte, jenes Lachen, daß nur sie beide teilten. Es sei, als habe er seiner Beziehung zu ihr das Überflüssige genommen, das, was er für überflüssig halten könnte. Er küsse sie leidenschaftlich beim Sex, aber nicht mehr im Vorübergehen, mache sich gar nicht mehr über sie lustig und habe aufgehört, sie Annkepannke zu nennen, wie er es von ihren Freunden übernommen hatte, um sie zu necken, das sei so schön gewesen, wenn er ihr im Bett Annkepannke ins Ohr geflüstert habe, mit dem arabischen Akzent, der ihn trotz der foppenden Absicht zwang, die beiden *E*'s zu betonen, das habe immer so französisch geklungen, so elegant mit seiner tiefen Stimme, Ankehpankeh, das *A* beinah wie ein *O*, das sage er gar nicht mehr, und deshalb sei ihr auch überhaupt erst aufgefallen, daß sie nicht mehr gemeinsam lachten, sonst hätte sie das womöglich noch länger nicht bemerkt, aber vor ein paar Monaten habe sie sich plötzlich die Frage gestellt, wann er sie das letzte Mal Oankehpoankeh gerufen habe, und da habe sie sich genau daran erinnert, daß es am Abend ihres vorletzten Hochzeitstages gewesen sei, nachdem sie miteinander geschlafen hatten, als letztes Wort, bevor er anfing zu schnarchen, deshalb sei ihr das aufgefallen, weil er das Oankehpoankeh schon beinah im Schlaf gesagt haben mußte, so schnell sei es vom Schnarchen abgelöst worden, daß sie nicht anders konnte als zu lachen, wie sie überhaupt früher so oft gelacht habe, wenn sie miteinander schliefen, und das sei das letzte Mal gewesen, daß er sie zum Lachen gebracht habe, sei ihr vor ein paar Monaten aufgefallen, als sie nach längerer Zeit wieder in die Kneipe kam und Hermann hinter der Theke sie mit dem gewohnten Annkepannke begrüßte, in der gleichen Kneipe, in der ich vor einigen Jahren mit ihr ins Gespräch gekommen war, als wir nebeneinander an der Theke standen und Giovanni, der damals noch bediente, einfiel, daß Annkepannke übrigens einen arabischen Mann habe, mit dem ich mich doch mal unterhalten solle, ich sei doch auch so was wie ein Araber, dann käme er öfters in die Kneipe mit, sonst sähe man Annkepannke gar nicht mehr, und als Hermann sie mit den beiden verschluckten *E*'s ansprach, da habe sie gedacht, wie schön doch ihr Reimname klinge, wenn Antun ihn ausspreche, so elegant und lüstern in der halben Ironie, mit der er ihn versehe, und da hätte ich Anke gern gefragt, ob das an der persönlichen Intonation Antuns liege oder an seinem südländischen Akzent, ob also das Ankepannke von Giovanni ähnlich geklungen oder Antun den Namen auf eigene Weise intoniert habe, das hätte mich wirklich interessiert, denn wenn es bloß am Akzent lag, würde ich, der ich sie niemals Ankepannke nenne, vielleicht auch mal Oahnkehpoahnkeh rufen, als Südländer fiele mir das leicht, wenngleich ich absolut kein Araber bin und diesbezüglich keine Witze verstehe, aber das habe ich sie nicht gefragt, weil sie so traurig auf dem Barhocker saß, beinah verhärmt, daß mir ein zugleich mitleidsvolles und scherzhaftes Och, Anköpannkö auf der Zunge lag, das ich aber lieber herunterschluckte, weil sie nicht aussah, als sei sie zum Scherzen aufgelegt, selbst wenn ihre Eltern ausgesprochen scherzhafte Leute sein müssen.

Von der Schwermut

Bruno hatte immer noch die Wunden, die zertrümmerte Nase, die aufgeschlitzte Brust, die Blutflecken auf dem grauen Bart, und er hatte den gleichen schwermütigen Ausdruck, der ihm zum ersten Mal vor siebzehn Jahren im Gesicht gestanden hatte, als er im Betriebsbüro des Schauspiels Frankfurt mit einer solch milden Verzweiflung lächelte, daß es nicht einmal zu einer Begrüßung kam, weil Lutz sofort fragte, was geschehen sei. Nichts, hatte Bruno geantwortet, wirklich nichts, nichts Besonderes jedenfalls, er sei heute nur ein bißchen traurig, ohne den Grund genau zu kennen, und auf Nachfrage hatte er hinzugefügt, es sei eben immer das gleiche, so ein Rennen ohne Ankommen, so eine Verwirrung davon, ständig im Kreis sich zu drehen, nicht weiter schlimm, und Lutz hatte gesagt, ja, das Gefühl kenne er, das kenne bestimmt jeder Mensch, das gehöre zum Leben und gehe vorbei, und obwohl Bruno genickt hatte, ging es nicht vorbei, die Schwermut blieb in seinem Gesicht, auch am nächsten und übernächsten Tag und die ganzen nächsten Wochen, und auch der Psychologe, den Bruno im vierten Monat endlich aufsuchte, konnte nicht weiterhelfen, denn da war ja auch nichts, nichts Besonderes jedenfalls, nur so ein allgemeines Gefühl, das ihn niederdrückte, aber am Leben nicht weiter hinderte und weit entfernt war von Symptomen krankhafter Depression, die der Psychologe beim besten Willen nicht attestieren konnte.

Von außen betrachtet, belastete die Schwermut Brunos Leben anfangs kaum, er setzte das Leben mit Elke und die Bühnenbildnerei mit der gleichen erfolgreichen Routine fort, nur daß er abends nicht mehr so lang mit den Kollegen saß und selbst sein Lachen wie eine Elegie klang. Im dritten Jahr hatte es Elke nicht mehr ausgehalten, jeden Tag in sein unveränderliches Gesicht zu blicken, und obwohl Bruno danach gerade durch seinen verhangenen Blick und seine sinnlich wirkende Behutsamkeit manche Frauen für sich eingenommen hatte, war doch keine einzige dabei gewesen, die ihn glücklich genug gemacht hätte, die Schwermut aus seinem Gesicht zu vertreiben. Lutz sagt, Bruno habe wirklich alles probiert, Sport getrieben, neue Hobbys für sich aufgetan, Fallschirm gesprungen und vor allem sexuell alle möglichen Exzesse erprobt – die Schwermut sei nicht zu vertreiben, sei wie festgenagelt gewesen auf seinem Gesicht, so daß er schließlich bis auf Lutz alle Freunde verloren hatte, weil es mit ihm auch wirklich keinen Spaß mehr machte, wie Lutz eingesteht. Im neunten Jahr hörte Bruno auf, Bühnenbilder zu entwerfen; es war keine bewußte Entscheidung, sondern einfach so, daß die alten Regisseure immer seltener Lust hatten, mit ihm zu arbeiten, und keine neuen hinzukamen, weil er sich nur lustlos um sie bemühte, und so zog er sich mit dem gesparten Geld in sein Haus in der Provence zurück, wo er die Landwirtschaft für sich entdeckte. Im vierzehnten Jahr hörte sogar Lutz auf, ihn zu besuchen, aber immerhin telefonierten sie gelegentlich miteinander, so daß Lutz sich selbstverständlich auf den Weg machte, als Bruno ihn aus dem Auto anrief, weil Lutz Bruno unbedingt noch sehen wollte, bevor er obduziert und von den Ärzten womöglich verändert würde, um zu wissen, ob Bruno tot immer noch die Schwermut im Gesicht trug, und so setzte er sich gleich ins Auto, während Bruno in dem seinen noch fuhr, und stand zwölf Stunden später im Kühlraum von Quillan vor Brunos Leiche, die tatsächlich noch niemand angerührt hatte. Selbst die blutverschmierte Kleidung hatte Bruno noch am Leib, als Lutz in sein Gesicht schaute, für einen Hinweis auf Erlösung sogar einen Atemzug lang dessen tote Augen öffnete und die Schwermut noch unverrückt vorfand, kein Hinweis darin.

Von der Tapferkeit

Auf meine nicht ganz unschuldige Frage, wie es denn mit Anke stehe, antwortete Antun zunächst in Platitüden, um nach einer halben Stunde, in der auch ich manche Nöte preisgab, noch offener von den Problemen ihrer Ehe zu sprechen, als es an gleicher Stelle bereits Anke selbst getan hatte, ging diese doch auf die Symptome, Antun statt dessen auf die Gründe dafür ein, daß ihre Beziehung nur mehr nach außen intakt zu nennen ist. Auch das Ausmaß der Zerrüttung schätzten sie offenbar unterschiedlich ein: Wo Anke von den schönen Nebensächlichkeiten sprach, die ihnen abhanden gekommen seien, der Zärtlichkeit am Tage, dem Lachen bei Nacht, erklärte Antun ihre Beziehung apodiktisch für gescheitert, insofern nichts mehr sie verbinde als die Sorge um den Sohn Theodor, die Bequemlichkeit ihres gemeinsamen Alltags sowie das Vertrauen und die Achtung, die aus Jahren des Zusammenlebens erwüchsen, in denen sie nie ernsthaft gestritten hätten.

Er habe schlicht aufgehört, sie zu lieben, wenn er es denn je getan haben sollte: Ihr Körper reize ihn nicht mehr, für ihre Gedanken und ihre Arbeit habe er sich, ehrlich gesagt, noch nie interessiert, ihre Freunde seien zwar nett, aber auch schrecklich gewöhnlich, ohne Sinn für etwas anders als Trinken, Fußball und Backgammon, und außerdem würden sie alle rauchen, in der Kneipe sei das schon gar nicht auszuhalten. Ihre Welt langweile ihn, genauso wie sie selbst ihn inzwischen langweile, weil sie durch rein gar nichts mehr überrasche, alles an ihr voraussehbar sei und starr, ihre Essensvorlieben, die Routine ihres Tages und Jahres, die immer gleich schlechte Laune nach dem Aufstehen, der Urlaub auf Kreta, die unaufgebbare Wohnung und der unveränderliche Sex noch dazu. Immer habe sie scheinbar begeistert reagiert, aber es dann stets im Sande verlaufen lassen, wenn er den Muff abschütteln, es noch einmal neu mit ihr versuchen wollte, wenn er vorschlug, gemeinsam einen Yogakurs zu besuchen, Massagetechniken zu erlernen, für ein halbes Jahr zu verreisen, er könnte ein Freisemester nehmen und sie sich beurlauben lassen, habe er gesagt, sie bräuchten doch nicht viel Geld, wenn sie im Süden billig wohnten oder im Sommerhaus seiner Eltern im Schuf-Gebirge, das Anke so gut gefallen habe, aber nichts davon habe sie aufgegriffen, nichts habe sie dazu bewegen können, den Sommerurlaub einmal nicht in Kreta zu verbringen, einmal im Leben nicht nach Kreta, habe er gedacht, das wäre es schon gewesen, und wenn sie nach Lesbos oder Sparta oder Rhodos oder was wisse er denn wohin gefahren wären, nur einmal im Leben nicht nach Kreta, aber da hatte sie wieder die besseren Argumente gehabt, das Haus ihrer Eltern, in dem sie kostenlos wohnten, die Freunde, die Theodor dort habe, und natürlich sei es angenehm, so idyllisch, aber darum sei es ihm doch gar nicht gegangen, er habe nur etwas Neues mit ihr, an ihr, in ihrem Leben entdecken wollen, das ihm beängstigend perfekt vorgekommen sei, und als er vor zwei oder drei Jahren, genau gesagt, während des fünften Kreta-Urlaubs, definitiv erkennen mußte, daß Anke niemals auch nur einen Deut von ihrer Vorstellung eines perfekten Lebens abweichen und nichts das Alte ablösen würde, habe er sie plötzlich unausstehlich gefunden und sich gefragt, welche Konsequenz daraus zu ziehen sei, und natürlich gedacht, daß sie sich trennen müßten, und ihr das auch gesagt, und sie habe nicht einmal wirklich widersprochen, sondern nur beteuert, ihn zu lieben, gleich, wie er über sie denke. Da habe sie ihm leid getan und er sich selbst auch, denn er habe doch sein bisheriges Leben gar nicht zerschlagen wollen, sondern sich nur über seine eigene Empfindungslosigkeit erschreckt und deshalb mit allen Mitteln versucht, mehr als nur Achtung und Vertrauen für sie empfinden zu können, gerade weil er mit dem Leben mit Anke eigentlich recht zufrieden war, und erst als an der Vergeblichkeit dieser Bemühungen kein Zweifel mehr übriggeblieben sei, habe er sich notgedrungen zur Ehrlichkeit verpflichtet gefühlt und dazu, die Konsequenz zu ziehen, und die Aversion, die er plötzlich ihr gegenüber gehegt habe, sei in Wahrheit eine Wut darüber gewesen, auf die Idylle, so äußerlich sie gewesen sei, künftig verzichten zu müssen, denn vorher habe sie ihn gar nicht angeekelt, sondern eher gleichgültig gelassen, und als sie dann geweint habe, sei ihm eingefallen, daß ihn doch niemand zu der Konsequenz dränge, im Gegenteil, und da habe er die Ehe fortsetzen wollen, wenn die Alternative darin bestünde, in eine kleine Wohnung zu ziehen, niemanden mehr zu haben, der kocht und sich um die praktischen Dinge kümmert, und für Theodor wäre es auch das beste, wenn sie einfach zusammen wohnen blieben. Antun erwähnte auch, daß er eines Tages womöglich Schwierigkeiten mit seiner Aufenthaltserlaubnis bekäme, sollte er nicht mehr mit einer Deutschen verheiratet sein, denn zwar habe er nach geltendem Recht nichts zu befürchten, doch müßten wir Ausländer für die Zukunft mit dem Schlimmsten rechnen, überall in Europa seien die Nationalisten auf dem Vormarsch, in Dänemark, in Italien, in Österreich sowieso, sogar in Holland, und in Deutschland sei es eigentlich auch schon soweit, egal ob CDU oder SPD, die seien alle gleich in ihrem Populismus, da könne man sich, anders als bei Anke, nicht darauf verlassen, daß alles beim alten bleibt. Er persönlich hätte also nur Nachteile gehabt, wenn sie sich hätten scheiden lassen, sagte Antun, das habe er ganz pragmatisch gesehen, als Anke weinte, und ihr deshalb vorgeschlagen, fürs erste die Ehe einfach fortzusetzen, selbst wenn er sie nicht liebe, bei ihrer beider Eltern sei das nicht viel anders, obgleich sie es sich gewiß nicht so deutlich eingeständen, das habe er Anke gesagt, worauf sie noch mehr geweint habe, um ihm einige Tage später zu sagen, daß es schon in Ordnung sei und ihre Liebe für sie beide reiche, worauf er beinahe habe weinen müssen, so gerührt sei er über ihre Liebe zu ihm und über ihre Tapferkeit gewesen.

Seitdem sei ihre Ehe nicht gut, aber um vieles besser geworden: Er hadere nicht mehr mit dem, was an ihr fehle, sondern erfülle, was er zu leisten imstande sei, damit sie nach außen, vor allem für

Theodor die Illusion aufrechterhielten, einschließlich des Sommerurlaubs auf Kreta, kostenlos sei schließlich nichts im Leben, außer dem Ferienhaus ihrer Eltern. Die Abende seien viel entspannter, mit dem Trauerspiel im Bett habe er sich abgefunden, dafür habe er eine Freundin, über die er mit Anke ganz offen gesprochen habe, worauf sie natürlich wieder geweint, aber nach einigen Tagen gesagt habe, das sei schon in Ordnung, sie käme damit klar. Das habe er ziemlich tapfer gefunden, auch wenn er sich nicht sicher sei, ob sie aus Liebe oder aus Gewohnheit ihre Idylle und was für sie ein perfektes Leben sei beinah zwanghaft aufrechterhalte, was ihr freilich nur vor Außenstehenden gelinge.

Vom Durst

Wenn unser arabischer Nachbar die Kinder zu Bett gebracht, die liegengebliebene Arbeit getan, die E-Mails beantwortet und einige warme Worte mit der Frau über die Segnungen und Kümmernisse ihres Tages, die nächste Reise, die letzte Nacht gewechselt hat, wird er ihr in aller Liebe vom Durst sprechen dürfen, den es im Leben täglich zu löschen gilt, sagt Johannes und meint den Durst im emphatischen Sinne, den Durst nach der Freiheit des Lustlosen, nach Gleichheit unter Verschiedenen und ihrer unverbrüchlich vergänglichen Brüderlichkeit, den Kinder nicht, noch Liebe oder Werke löschen können, sind diese doch mit dem Brot zu vergleichen, das in der Bildersprache unserer Religionen viel eher als das Wasser für das materiell Notwendige steht, obwohl man – und das ist so merkwürdig, daß niemand es bemerkt zu haben scheint – viel schneller verdursten als verhungern kann, zumal dort, wo die Religionen ihre Heimat haben, Landschaften, in denen man sich vor Wassernot das Paradies gar nicht anders vorstellen konnte als in der Terminologie des Fließens, das im Durst seine Diesseitigkeit findet. Ich könnte jetzt Aufheben darum machen, daß jedenfalls unter den abrahamitischen Konfessionen einzig die Schiiten – und das ausgerechnet auf dem Boden Zarathustras, der das Feuer anbetet – eine Mythologie des Wassers entwickelt haben, doch würde ich als Apologet mißverstanden, brächte ich den Durst von Kerbela mit den genannten Idealen der Französischen Revolution in Verbindung, wie ich es tun müßte, um dem ermordeten Imam Gerechtigkeit widerfahren zu lassen, und so will ich mich darauf beschränken, von jenem Durst zu sprechen, der meinen Nachbarn vollends übermächtigt, sobald seine deutsche Frau es sich gegen halb elf vor den Tagesthemen oder höchstens eine Stunde später im Bett eingerichtet oder, wie sie sagen wird, gemütlich gemacht hat. Dann wird er ankündigen, sich die Beine zu vertreten, ihr einen Kuß so lustvoll wie möglich aufdrücken und leise, damit die Kinder nicht aufwachen, im Flur die Schuhe anziehen, den Mantel überstreifen und die Schirmmütze aufsetzen, ohne die er es im nordischen Winter sowenig aushalten würde wie ohne das *Durst* am Ende der Tage, obwohl es keine fünfzig Meter entfernt liegt von unserem Haus und also selbst in der Galabiyya frostfrei zu erreichen wäre, die er in seiner Heimat angezogen haben mag, wenn er auszog, um im Teehaus zu löschen, wovon Johannes mir spricht.

Von der Leidenschaft

Für Egon Ammann

Auf die Frage, weshalb ich ihn seit Monaten nicht ausgeschlafen antreffe, obwohl doch erstens sein Sohn Egon, vier Jahre alt geworden, aus dem Gröbsten heraussein müsse und er zweitens ohnehin, den Hinweis auf sein Künstlertum wie ein Schild durch das Leben tragend, seine Freundin Monika allein mit den täglichen Elternpflichten lasse, antwortete Daniel, daß Egon zwar lange schon gelernt habe, ihn nicht zu wecken, aber nach dem Aufstehen jeden, ausnahmslos jeden Gang in der Wohnung rennend bestreite. Da sein Zimmer in der Mitte zwischen demjenigen der Mutter und des Sohnes liege, schrecke er in unregelmäßigen Intervallen ob des Eindrucks auf, daß eine zweibeinige Elefantenherde den bahngleislangen Gang in Antilopengeschwindigkeit erst in die eine, dann in die andere Richtung durchmesse. Nun neigt Daniel, wie man erkennt, zu Übertreibungen und Ausschmückungen, die ihm nach Aussage Monikas in den Diskussionen über die gemeinsame Haushaltsführung auch dazu dienen, das notwendig Anti-Bürgerliche seiner künstlerischen Existenz dramatisch zu beschwören, doch fällt es mir dennoch nicht schwer zu glauben, daß ein Kind, das vor der Zimmertür in die eine, dann die andere Richtung rast, dem Schlaf abträglich ist. Gewiß habe Daniel seinem Sohn zu erklären versucht, daß er Ziele wie das Bücherregal oder den Einkaufsladen auf der einen, Monikas Bett oder den Kühlschrank auf der anderen Seite genauso gut, nein: sicherer, ausgeruhter und eben ohne den Vater zu wecken erreiche, wenn er sie im Schrittempo oder seinetwegen im lässigen, einem Künstlerhaushalt angemessenen Trab anstrebe, und der kleine Egon habe gar nicht prinzipiell widersprochen und zugesagt, sich um Gemächlichkeit zu bemühen, indes scheine die Aussicht, vor dem Aufstehen noch ein Kapitel aus Pippi Langstrumpf von Monika vorgelesen zu bekommen, oder die Notwendigkeit, den Tag gleich dem Vater mit einem allerdings imaginären Espresso zu beginnen, den Vorsatz allmorgendlich zu nihilieren, wie Daniel es auf jene leicht exaltierte Weise ausdrückte, wie sie auch in der Namensgebung seines Sohnes auffällt, denn wem, wenn nicht einem Künstler, fällt es heute noch ein, ein Kind Egon zu nennen.

Manchmal ginge es im Minutentakt hin und her, an anderen Tagen lasse der Sohn sich auf der einen Seite der Wohnung so lange von einem Gegenstand oder einer Beschäftigung fesseln, bis der Vater erleichtert in den Schlaf zurückgekehrt sei, nur um kurz darauf erneut geweckt zu werden, weil Egon von der anderen Seite der Wohnung eine notwendige Ergänzung zum Spielzeug holen oder der Mutter im Schlafzimmer, dem Löwen im Kinderbett dringend und sei es aus Rücksicht auf den Vater flüsternd mitteilen muß, es sei nun wirklich Zeit zum Aufstehen, um im unmittelbaren Anschluß wieder im elefantenschweren Antilopensprint die Seite zu wechseln, als hätten sich in Vaters Zimmer serbische Heckenschützen verschanzt (ich kann doch nichts dafür, wenn Daniel auf Bilder verfällt, die man für geschmacklos halten mag, es ist bei seinen Gemälden nicht anders).

Offenbar fülle jedes noch so nebensächlich wirkende Vorhaben das Bewußtsein Egons so randvoll aus, daß er in dem Augenblick gar nicht anders könne, als es vollständig und auf schnellstmöglichem Wege, ohne weiteres Besinnen, zu verwirklichen. Das sei eben nicht wie bei Erwachsenen, die sich einen Kaffee bereiteten oder aufs Klo gingen, ohne deswegen alles andere zu vergessen, so ein Egon von vier Jahren könne es abends kaum erwarten, morgens in die Welt zu stürmen, in den Kaufladen und zu Thomas, Annika und Pippi Langstrumpf. Weil Daniel – gerade er, der als Künstler doch von den Resten kindlicher Leidenschaft zehre – solchen Überschwang als allzu vergängliches Geschenk begrüße, könne er sich nicht dazu durchringen, strikte Verbote auszusprechen, zumal sie in der besonderen

Situation einer Dampflok, die losfahren, oder eines Tipp-Kicks, das vom nicht mehr zu verzögernden Urinieren nur so kurz als möglich unterbrochen werden möchte, kaum einzuhalten wären. So fordert also die Achtung vor der Grundvoraussetzung seines eigenen Berufs von Daniel doch noch den Tribut der Erschöpfung, indem sie ihn davon abhält, den leidenschaftlich rasenden Egon in die Schranken zu verweisen.

Nicht weil ich um die Konstitution meines Freundes, vielmehr weil ich um Egon mich sorgte, der bei ständig hohem Tempo auf den glatten Dielen ausrutschen und mit dem Kopf, Gott verhüte, gegen die Heizung oder den metallenen Schuhschrank stoßen könnte, riet ich Daniel gleichwohl, seinen Sohn zu etwas Behutsamkeit anzuhalten, ein klein wenig mehr nur, schließlich sei es wirklich glatt in ihrem langgestreckten, aber gefährlich schmalen und mit den Utensilien antibürgerlicher Existenz vollgestellten Flur, und der Leidenschaft, für die natürlich auch ich viel übrig hätte, täte es im übrigen keinen Abbruch, würde sie hier und da durch die Anstrengung der Geduld gekitzelt, im Gegenteil, gerade die Geduld sei es, die den Leidenden und mit ihm die Leidenschaft über alle Jahrzehnte am Leben erhielte. Ich sei eben doch ein Spießer, gab mir Daniel zur schroffen Antwort, ein Waschlappen und Spießer, um anschließend etwas vom Leben zu murmeln, das wild und gefährlich gelebt werden wolle, einen Ausspruch Nietzsches zitierend, den autonome Buchhandlungen in den achtziger Jahren auf Postkarten vertrieben. Um ihn, wie gesagt, sorge ich mich nicht, wohl aber um seinen Sohn Egon, zumal angesichts der zur Schau gestellten Sorglosigkeit des Vaters, die sich in der Namenswahl schon zeigt, schließlich kann nur einer, der nicht an die Folgen denkt, ein Künstler eben oder einer, der es leidenschaftlich gern sein möchte, einem Kind heute noch den Namen Egon geben – mag es auch, wenn ich es recht bedenke, ein ausgesprochen schöner Name sein.

Von der Versenkung

Nach dem Frühstück schaute Gabriele auf das klare Wasser, das sich zwei, zweieinhalb Meter unter ihr auf den schmalen Kieselstrand von Mytros ergoß und wieder zurückzog, und sie schaute auf die weißen, grauen, roten und schwarzen Steine, die hinter der zentimeterhohen Brandung grünlich schimmerten, und schrieb mit, wie Jan und die Kinder im Café nebenan Memory spielten und der Wirt und seine Mutter, angelehnt an die Hotelmauer, die Besorgungen des Tages absprachen, und auch jeden Passanten notierte sie, der in ihrem Rücken die kleine, für Autos nur im Schrittempo zugängliche Promenade entlanglief, Touristen und Einheimische, während sie auf das Wasser starrte und auf die grünlich schimmernden Steine darin, die den Frieden der Ertrunkenen zu schlafen schienen, und sie achtete auch auf das Rauschen und achtete so sehr darauf, daß sekundenweise alle anderen Geräusche verschwanden und nicht das Gespräch über die Besorgungen und kein Jauchzen der Kinder mehr zu hören war, und Autos fuhren ohnehin nicht oder nur alle paar Stunden die Promenade entlang, und so hörte sie das Rauschen und verlor die Wellen wieder, weil ein Verkäufer seine Waren anpries oder ein Esel schrie, und so hörte sie die Wellen und verlor sie wieder, es ging wie die Wellen selbst, sie füllten ihr Gehör aus und verschwanden wieder, sie selbst wurde zum Kieselstrand, zum grünlich schimmernden Stein, der den Frieden der Ertrunkenen schlief, und konzentrierte sich auf das Versinken, damit das Meer immer lauter würde und mehr als nur sekundenweise die anderen Geräusche zum Verstummen brächte, auch die unvorhergesehenen wie das Blöken eines Schafes, die Verkäufer und die seltenen Autos, die aber ohnehin nicht fuhren, und sie öffnete ihre Ohren den Wel-

len und schloß sie gegen alle anderen Geräusche ab wie die Ertrunkenen auf dem Meeresgrund, bis auch ihr nur noch das Meer blieb,
das sich in zentimeterhoher Brandung auf den schmalen Kieselstrand ergoß und wieder zurückfloß in sich selbst. Gabriele hörte, sie
hörte so genau, als hinge davon ihr Heil ab, sie versenkte sich in das
Geräusch, als erfülle sie stellvertretend für alle Menschen die Aufgabe, so genau zu hören, daß man nichts mehr hört außer das Meer,
und sie tat nichts weiter, als zu hören, auf das Meer zu starren und
auf die Stelle zu achten, die sich ihren starren Augen bot, die Stelle hinter der zentimeterhohen Brandung, wo die weißen, grauen,
roten und schwarzen Steine grünlich schimmerten, als könne sie,
wenn sie nur genau genug hinschaute und aufmerksam genug hörte
und sonst nicht einmal auf die Brise achtete, selbst mit dem Wasser
davonfließen, in das Meer sich ergießen, sie müsse nur tief genug darin versinken, das w ar nach dem Frühstück ihre Sehnsucht, zu versinken im Meer, grünlich zu schimmern und schließlich sich aufzulö-
sen zu Wasser, damit nichts mehr von ihr übrigbliebe und Jan und
die Kinder allein nach Köln zurückfliegen müßten, aber das konnte
sie natürlich nicht, das hätte sie ihnen nicht antun können, das war
ausgeschlossen. Nur dann hätte sie sich in Nichts auflösen können,
wenn sie gar nicht dagewesen wäre und also auch nichts hinterlassen hätte, aber das geht natürlich nicht, denn sie war schließlich da,
und da sie etwas war, konnte sie nicht zu Nichts werden, denn selbst
wenn sie vollständig verschwände, bliebe etwas von ihr zurück, ja, sie
hinterließe etwas, sie hinterließe Jan und die Kinder, Oma, Opa und
den Schmerz wie auch die Erinnerung der Verbliebenen, das konnte
sie nicht ausradieren, sie war etwas und konnte nicht nichts werden,
das war ihr ganzer Jammer, und im Meer mit seinen Farben und Ge-
räuschen konnte sie sich schon deshalb nicht versenken, weil sie auf-
schrieb, was sie wahrnahm, und also keineswegs vollständig auf die
Stelle hinter der zentimeterhohen Brandung achtete, wo die weißen,
grauen, roten und schwarzen Steine grünlich schimmerten, wie sie
in dem Heft notiert hatte, auf das ich mich stütze.

Von der Schönheit

Er habe den Eindruck gehabt, der Mann sei selig gewesen, sagte Rolf, der als Anwalt in einer großen Kanzlei im Belgischen Viertel arbeitet, zu deren Mandanten neben meinem Bruder, mit dem er seit der Schulzeit befreundet ist, auch ich gehöre, wenn freilich wir selbst noch nicht von Rolf vertreten werden mußten, hat dieser sich doch auf das Strafrecht spezialisiert. Es sei ihm vorgekommen, als sei der Mann ein Berg an Selbstbewußtsein, unerschütterlich geworden durch ein einmal genossenes Glück. So sieht jemand aus, der innerlich lacht, habe er gedacht, aber merkwürdigerweise habe es nicht schön ausgesehen, nein, widerlich sei es gewesen, so schrecklich zufrieden mit sich selbst habe der Mann gewirkt, als er sich schließlich gesetzt habe, um zu erwarten, was immer von nun an mit ihm geschehe, mit dem Tagwerk, weil er es als vollendet betrachtete, in Frieden abgeschlossen. Irreal sei die Ruhe gewesen, die Normalität, die er ausgestrahlt habe, so daß Rolf hätte meinen können, er selbst sei übergeschnappt, nicht der Mann, der nach Rolfs Worten keinen Widerstand leistete, ja ergeben ihnen Antwort stand und insgesamt von betonter Vernünftigkeit war, als ob sein Wahn die Geschäftsmäßigkeit zum Mantel gehabt hätte, während er selbst, Rolf, vor Wut und Ratlosigkeit geschäumt habe, verständlicherweise unter Schock und zunächst kaum in der Lage, sich klar zu artikulieren. Zu reden gewesen sei mit dem Mann ohnehin nicht: Auf die gestammelten Fragen nach dem Grund seiner Raserei habe er ihn angesehen und, ohne auch nur die Augenbrauen zu zücken, gesagt, daß es unvergleichlich schön geklungen habe, wie die Axt in die Scheibe gedrungen sei, die blühende Axt, wie er gesagt habe, ein Künstler eben, Musiker, genau gesagt, halbwegs erfolgreicher Komponist, wie Rolf inzwischen erfahren hatte, sogar in der Philharmonie sei vor ein paar Jahren ein Stück aufgeführt worden, auch wenn ich den Namen bestimmt noch nicht gehört hätte. Dreiunddreißig Autos habe der Mann zerstört, das müsse man sich mal vorstellen: dreiunddreißig Frontscheiben, Heckscheiben, dreiunddreißig Mal die vordere und die hintere Seitenscheibe. Selbst wenn Kinder auf der Rückbank gesessen hätten, habe der Mann mit der Axt, der blühenden Axt, in die Scheiben gedroschen. Dreiunddreißig Mal, das hätten die Zeitungen gar nicht erwähnt, dabei stecke bestimmt eine Symbolik dahinter, denn hätte der Mann gewollt, hätte er noch viel mehr Autos zerstören können, die hätten ja gar nicht weggekonnt in dem Chaos: Einige hätten gewendet, andere rückwärts oder sich über den Standstreifen nach vorne durchzuschlagen versucht, der natürlich schnell blockiert gewesen sei, so daß die Autos, die wie Bienen aus einem brennenden Stock zu entkommen versuchten, sich in wenigen Sekunden hoffnungslos ineinander verkeilt hätten, zumal die meisten Fahrer gleich am Anfang auf die Wiese neben der Autobahn geflohen seien, so daß ihre Autos die Fahrbahn blockierten.

Auch Rolf selbst sei aus dem Auto gesprungen und weggerannt, um über die Schulter zu beobachteten, wie der Mann zu Rolfs X5 schritt, fast am Schluß, als neunundzwanzigstes oder dreißigstes Auto, wenn er richtig gerechnet habe, Pech im Unglück sozusagen, denn zwei Reihen weiter hinten, und der Mann hätte den X5 verschont, dabei könne er sich genau erinnern, daß er nur deshalb die zwei Reihen zu weit vorn stand, weil er noch schnell beschleunigt und zwei Autos links überholt habe, als er den Stau gesehen habe, nur um fünfzig Meter weiter vorn zum Stehen zu kommen, Pech im Unglück, wie gesagt, oder reine Idiotie. Nagelneu sei der Wagen gewesen, achttausend Kilometer gelaufen erst, schwarz, ein Traum von einem Auto mit eingebautem Telefon, Sportausstattung und dem besten Navigationssystem weltweit. Auch wenn er sich natürlich in erster Linie um etwaige Verletzte gesorgt habe, habe er doch jeden Axthieb auf seinen Wagen gleichsam körperlich gespürt, durch und durch sei ihm das Klirren der Fensterscheiben gegangen, das Schlagen von Eisen auf Blech, das der Mann immer nur als herrlich, wunderschön bezeichnet habe, als Rolf schließlich zu dem Mann gegangen sei, der nach dem dreiunddreißigsten Auto die Axt ins Gebüsch geworfen und sich, wie gesagt, auf die Motorhaube des Vierunddreißigsten gesetzt habe, eines Toyota Corolla, um den es nun wirklich nicht schade gewesen wäre. Zu viert seien sie gewesen, die sich an den Mann geschlichen hätten, in Sorge, daß er plötzlich eine Pistole oder eine andere Waffe hervorhole, doch habe der Mann, wie gesagt, ganz friedlich gewirkt, ja selig, und keinerlei Anstalten gemacht, sie zu bedrohen oder sich wehren zu wollen, und da hätten sie Mut gefaßt, sich ihm zu nähern, weil sie ihn zunächst hätten außer Gefecht setzen wollen, bevor sie nach Verletzten sahen, von denen es dann wie durch ein Wunder keine gegeben hätte, jedenfalls keine, die in ihrem Auto zurückgeblieben und ernsthaft verletzt war, vielleicht daß der Mann doch darauf geachtet hatte, nach Möglichkeit niemanden zu treffen, zumal er die Hände in die Luft gehoben und Rolf und die drei anderen Tapferen, wie gesagt, so ruhig und wie beglückt erwartet habe, daß sich die Absicht, ihn zu überwältigen, als überflüssig erwies. Nachdem sie rasch herausgefunden hätten, daß in keinem Auto jemand übriggeblieben war, seien sie noch einmal zu ihm gegangen, halb, um sicherzugehen, daß er nicht fliehe, halb wohl, weil sie ihn instinktiv nach einer Erklärung fragen wollten, noch bevor die Polizei eintreffen würde, aber der Mann habe immer nur von dem schönen Klang gesprochen und daß die Scheiben so schön geklirrt und das Blech so dumpf gepocht hätte, herrlich und wunderschön, wie gesagt, worauf einer von ihnen vieren, die sich als erstes zurückgewagt hätten, der jüngste von ihnen, der über einen zerstörten Renault Scenic lamentierte, noch gespottet habe, das sei ja wirklich ein klasse Konzert gewesen, herzlichen Glückwunsch. Ein Konzert! habe der Mann erwidert, richtig, ein Konzert des Himmels und der Erde, der helle Gesang, das tiefe Pochen, als auch schon der Angeklagte aus der Traube hervorgeschossen sei, die sich um sie gebildet hätte, und die Axt, die er wohl im

70

Gebüsch gefunden habe, auf den Kopf des Mannes geschlagen habe, gräßlicher Anblick dies, und alles nur wegen eines Alfa Romeo Giulietta, wie schon die Zeitungen bemerkt hätten, eines zugegeben sehr schönen Autos.

Von der Größe

David Siebrecht aus Nippes bat mich in einer E-Mail aus dem Gefängnis in Ossendorf, den Anschuldigungen nicht zu glauben, die über ihn zu lesen waren, da seine Freundin Heike bereits tot gewesen sei, als er sie auf dem großen weißen Papier entdeckt habe. Er müsse sich selbst zu erklären versuchen, was ihn verleitet habe, statt die Polizei zu benachrichtigen die Worte aufzuschreiben, die sie im Himmel vielleicht gern gelesen hätte, aber in jenem Augenblick, als er sie in einer aufregenden Krümmung des Oberkörpers, halb seitlich, halb auf dem Rücken liegend, vorgefunden habe, auf dem teppichgroßen Papier, das außer von ihrem schlanken Körper nur am Hals von einer handbreiten Lache Blut bedeckt gewesen sei, habe er nur denken können, sie habe sich auf das Papier größer als ihre gemeinsame Matratze gelegt, den blutverschmierten Mund wie Jesus halb geöffnet, damit er, David, ihr Leben vollenden dürfe, habe ihr Sterben ihm anvertraut und noch demütig die Arme ausgestreckt, sich groß gemacht, damit er sich etwas Mühe sparte, bis das Papier, das fast so groß wie ein Doppelbett, so groß wie eine Tischtennisplatte, außer mit der roten Lache mit den Worten beschrieben gewesen sei, die sie im Himmel vielleicht gern gehört hätte. Sie selbst hätte die Buchstaben unmöglich so eng an ihren Körper heranführen können, daß ein Betrachter das segelgleiche Papier für vollständig beschrieben gehalten und die weiße Fläche erst entdeckt hätte, wenn er die Leiche von ihrem Platz genommen, obwohl ihn, den Betrachter, doch vorher bereits die Unversehrtheit eines jeden Buchstabens hätte stutzig machen müssen, denn wäre die Schrift dem Tod vorangegangen, hätte Heikes Körper sich unmöglich so kunstgerecht um die Worte winden können, daß er keines von ihnen bedeckte.

Als er mit ihrem Füllfederhalter in der Hand auf dem Papier wie in einer weiten Grabeskammer hockte, habe sich der Geruch ihres Blutes oder was immer es war, das so anstößig roch, mit dem Duschgel gemischt, mit dem er sich nach dem Tischtennis gewaschen habe, aber erst jetzt gehe ihm auf, daß das teppichgroße, segelgleiche Papier tatsächlich exakt so groß gewesen sei wie eine Tischtennisplatte. Sie sei wahrscheinlich gestorben, während er Tischtennis gespielt habe, oder habe jedenfalls wissen können, daß er vom Training nach Hause kommen würde, und habe ihm mit dem Papier in der Größe einer Tischtennisplatte ein Zeichen geben oder sich mit einem kleinen Scherz verabschieden wollen, der ihm gefallen mußte, ihre Zuneigung habe sie im Tod beweisen wollen oder sich im voraus dafür bedanken, daß er ihren Tod zu einem Bilde machte, statt die Polizei zu rufen, obwohl ihn das ins Gefängnis brachte, wie sie hätte ahnen können, nach Köln-Ossendorf, von wo man seit neuestem E-Mails versenden darf.

Von der Lust

Am Tresen hörte ich, wie zwei Kumpel sich über einen Dritten namens Wolli unterhielten, der nach Jahren unaufgeregter Ehe zu der Erkenntnis gelangt war, daß die größte Lust dort zu finden sei, wo sie nach allgemeinem Dafürhalten am wenigsten erwartet werde, nämlich am Ende eines anstrengenden Tages, nach einem Umzug etwa, der langen Autofahrt vom Urlaubsort in der Bretagne zurück an den Rhein oder einfach nur nach Harald Schmidt, wenn man sich außer für den Sinkflug ins Bett zu nichts mehr aufzuraffen fähig glaube, den Zwischenstopp im Bad daher auf das Wasserlassen beschränke und, endlich gelandet, feststelle, doch erst, und sei es vor Erschöpfung, in drei Minuten schlafen zu können. Habe man in den drei Minuten, in denen man sich an der Tatsache ergötzen dürfe, den Tag überstanden zu haben, auch noch das Glück, neben der eigenen, hinlänglich bekannten Frau zu liegen, schleiche sich oft noch vor Ablauf der ersten Sekundenrunde der Gedanke ins ermattete Gehirn, daß man keineswegs protestieren würde, wenn sie, bevor sie zu schnarchen anfange und also womöglich eine vierte und fünfte Minute der Schlaflosigkeit verursache, wenn sie sich zu einer Minimalvariante jener Tätigkeit aufraffte, für die die beiden ein Wort verwandten, das ich an dieser Stelle nicht zitieren möchte, wie ich überhaupt die Unterhaltung wesentlich in eigenen Worten wiedergebe, nicht weil sie durchweg von Ausdrükken und Scherzen durchsetzt gewesen wäre, die jenseits der Tresen wahrscheinlich sogar die beiden Kumpel selbst weder für angemessen noch für lustig hielten, sondern weil mich die Erkenntnis jenes Wolli so außerordentlich bewegt, so ungewöhnlich intensiv zum Nachdenken und zum Überprüfen bisheriger Auffassungen, ja Lebensweisen angestiftet hat, daß ich mir die Umstände ihres Eintretens vielfältig ausmale und nicht mehr recht zu unterscheiden vermag, welche Beschreibungen auf das Gespräch am Tresen, welche auf meine Phantasie zurückgehen. Um mich zu rechtfertigen, verweise ich darauf, daß die Illustrierung von allzu dürren oder nicht mehr vollständig erinnerten Episoden ausdrücklich für rechtens erklärt worden ist und manche Autoritäten ein gewisses Maß eingestandener Indulgenz nicht bloß akzeptierten, sondern nachdrücklich befürworteten, solange die Ergänzungen dem Geist des vorgestellten Lebens vollständig entsprachen, ganz zu schweigen von jenen allzu exzentrischen Kreisen, die regelrecht dazu aufriefen, zum frommen Zwecke Berichte frei zu erfinden.

Ich stelle mir zum Beispiel vor, daß die zum Schnarchen neigende Frau Wollis, die übrigens Barbara hieß und beiden Kumpel bekannt zu sein schien, nach allgemeinem Dafürhalten, um den Ausdruck noch einmal aufzugreifen, nicht eben als aufreizend im erotischen Sinne gelten kann, zumal nicht nach einem Umzug oder einer Autofahrt von der Bretagne nach Köln oder auch nur nach Harald Schmidt; ich stelle mir außerdem vor, daß auch an Wollis Körper die besten Jahre längst vorübergezogen sind (ein Indiz für die Richtigkeit meiner Annahme ist der Hinweis, daß er sich seit Jahren nicht mehr beim sonntäglichen Aufmarsch der Thekenmannschaft hat blicken lassen); und daß Barbara und Wolli vielleicht früher einmal, aber jedenfalls nicht mehr heute eine Sexualität teilen, die als ausgefüllt oder entdeckungsfreudig zu bezeichnen wäre, sondern eben das, was nach Jahren selbst der aufgeregtesten Ehe von den Ambitionen gewöhnlich übrigbleibt, das stelle ich mir ebenfalls vor, da es den Kern der Wollischen Erkenntnis noch unverstellter zum Vorschein bringt, der Erkenntnis von der unvergleichbaren, auch in sexuell wie mental ambitionierteren Jahren nicht gekosteten Süße jenes Tröpfchens Lust, das im Zustand der größtmöglichen körperlichen wie lebenszyklischen Erschlaffung – und nur dann! – noch gerade eben aus dem Tag rinne. Darum ging es doch Wolli, um nichts anderes: daß der Tropfen, um sich bilden zu können, auf

75

jene Erwartungslosigkeit angewiesen sei, die mit der Gelassenheit einhergehe, und ihm also die größte Lust erst in jenem Alter zuteil werden konnte, da er vorzeitig alle Versuche aufgegeben hatte, dem Leben noch etwas anderes als die Renovierung ihrer Wohnung in Riehl, den Urlaub in der Bretagne oder Harald Schmidt abzuringen, in jenen drei Minuten, da er nichts mehr wollte, als schnell noch die letzte Regung aus dem Körper zu pressen, aber nicht imstande war, mehr dafür zu tun, als einen Halbsatz oder nur ein bloßes Du zu stammeln oder die Hand auf ihren hoffentlich noch nicht im Takt des Schnarchens auf- und absinkenden Bauch zu legen oder allenfalls noch ihre Hand zu ergreifen und sie mit letzter Kraft auf den eigenen, sogar nach eigenem Dafürhalten alles andere als ath-letischen Bauch zu führen, in jener Resignation, die sich deshalb für die zwei oder dann doch vier oder fünf verbliebenen Minuten vor dem Einschlafen, für die paar Jahre vor dem Alter als die reine Glückseligkeit entpuppt, weil nur sie, die Resignation, der Verzicht, die Aufgabe es erlauben, das Maß der für möglich erachteten Lust so weit zu beschränken, daß es tatsächlich gelingen kann, sie ganz und gar, ohne jeden Bodensatz der Sehnsucht, der Verheißung, des Un-genügens auszuschöpfen. Darum, um nichts anderes ging es Wolli, daß die große sexuelle Freiheit, von der gerade Leute seiner Genera-tion einmal geträumt hatten, nichts anderes als die Freiheit von der Sexualität sei, eine Freiheit, die aber keineswegs – und das eben sei die Erkenntnis, von der die beiden Kumpel in ihren eigenen Wor-ten sprachen, die von den meinen, wie man sich denken mag, erheb-lich abwichen – die also keineswegs die Enthaltsamkeit zur Folge habe, sondern bloß die äußerste, von der Ermüdung nicht mehr zu unterscheidende Entspanntheit, jene glückliche Erleichterung, den Tag überstanden und den Schlaf bereitstehen zu haben, wie sie Wolli nach einem Umzug, der Heimfahrt aus der Bretagne oder auch nur nach Harald Schmidt gleich einer Brise sanft, kaum merk-lich überkomme. Löse dann, im eigentlich vollständig ermatteten Gehirn, eine einzelne, gerade eben noch wahrgenommene Regung des Begehrens den Gedanken aus, daß es doch gar nicht schlecht wäre, jetzt noch, und zwar mit Blick auf die Müdigkeit notgedrungen rasch, die Befriedigung vervollständigen zu können, die man eben doch nicht vollständig spüre, wie man vor Beginn der drei oder fünf Minuten fälschlich gedacht hätte, schlage das Behagen allzuleicht um, da es sich aufgrund der beschriebenen Ermattung nur in einer minimalen Regung äußern könne. Wenn aber Barbara diese Regung trotz ihrer eigenen körperlichen wie lebenszeitlichen Müdigkeit, bei vollständigem Bewußtsein seiner unendlich größeren, ja metaphysisch sich ausnehmenden, aktuellen wie überzeitigen Müdigkeit erkenne und annehme, wenn sie sein verschämt fragendes Gestammel amüsiert erwidere oder mit ihrem Bauch unter den seinen wandere, wenn sie sich für die verbliebenen, allenfalls vier oder fünf Minuten des Tages, sei es als Lohn für das Schleppen vieler Kisten, das unfallfreie Fahren aus der Bretagne zurück nach Köln oder einfach nur aus Barmherzigkeit, in die Fee verwandelt, die alle Fäden in der so gütigen wie wissenden Hand hält, wenn alles dies sich in den wenigen verbleibenden Sekunden des Tages in eine einzige Folge von Handlungen vereinige, ja dann, und nur und ausschließlich dann verwandele sich die glückliche Erleichterung in tiefe, tiefste Wollust, die aber die umfassende Lustlosigkeit voraussetze, von der die Rede war, das momentane wie endgültige Erschlaffen zweier Körper, die sich dennoch zugetan bleiben, die umfassende Vertrautheit des einen mit dem anderen, die aus dem notwendig gemeinsamen, aber nicht notwendig ausgesprochenen Verzicht auf alle Ambitionen folge. Gerade die eigene Ambitionslosigkeit ist es, so folgere ich aus dem Gespräch der beiden Kumpel, die dazu befähigt, noch die minimalen Regungen des anderen aufzunehmen und dienend zu vollenden, so wie nur diejenige Kerze, die in der Ruhe des erloschenen Tages oder Lebens soeben noch flackert, die winzigen Regungen der Luft vielfach vergrößert darzustellen zu vermag, die von den Fackeln und Feuern ignoriert würden. Ganz im Geiste des Wollischen Zeugnisses also stelle ich mir vor, daß er und Barbara zu jenen Eltern gehören, die es sich in der Langweile gemütlich gemacht haben, wie sie sich nach Auskunft meines

Züricher Freundes Georg, über den ich noch gesondert zu berichten habe, spätestens breitmacht, wenn das letzte Kind heranwächst, ich stelle mir vor, daß sie zu ihrer eigenen Verblüffung und ohne deswegen zu klagen, in die Apotheke oder zum Psychologen zu pilgern, ohne sich nach heimlichen Modellen der Lusterzeugung zu sehnen oder sie gar zu praktizieren, noch drei Minuten vor dem Einschlafen oder einige Jahre bis zu dem Alter zu überbrücken haben, in dem man sich seiner eigenen Ambitionslosigkeit endlich nicht mehr schämt. Ich stelle mir noch viel mehr vor, aber weil ich nicht in den Ruf geraten möchte, zu jenen Exaltierten zu gehören, die – statt Vorhandenes auszumalen – frei erfinden, lasse ich es bei diesen Hinweisen bewenden, dürfte doch die Erkenntnis, um die es Wolli ging und die mich eingestandenermaßen seltsam affiziert hat, hinlänglich klargeworden sein, mag alles weitere jeder sich selbst dazu denken, wenn bloß die Ergänzungen dem Geist des vorgestellten Lebens entsprechen.

Von der Erfüllung

Professor Ioannis Rigas, der bekanntlich Philosophie in Berlin lehrt, jedoch wie alle Gerechten seine Heimatstadt Köln nicht verlassen mag und also das immer schwerere Los eines Bahn-Pendlers trägt, Professor Rigas also beobachtete am vergangenen Montagmorgen auf der Fahrt nach Berlin, wie ein Südländer von etwa fünfunddreißig Jahren, der im Zugrestaurant einen Salat mit Hähnchenbrust aß, sich zwischen Bielefeld und Hannover den nachvollziehbaren Wunsch erfüllte, aufzuspringen, um seinen Sitznachbarn, der trotz mehrmaliger, gestisch vorgetragener Ermahnungen ohne Pause telefoniert hatte, seit er in Wuppertal zugestiegen war, an den schütteren grauen Haaren zu packen, das ölige Messer an die Gurgel zu halten und ihm leise, aber doch so laut, daß Professor Rigas es am Nebentisch hören konnte, zu befehlen, er möge das Mobiltelefon verspeisen, ein zum Glück sehr kleines, zuklappbares Gerät, wie Professor Rigas bemerkte. Als der Mann, ob aus Überraschung, Schrecken oder Sorglosigkeit, reglos blieb, drückte ihm der Südländer das Messer so fest an den Hals, daß der Graue stöhnend mit den Händen ruderte, die Aufmerksamkeit noch weiterer Fahrgäste erregend. So bedrängt, blieb ihm nichts anderes übrig, als die Forderung des Südländers zu erfüllen, und das Mobiltelefon, das er in der Rechten hielt, mit derselben Hand zuzuklappen, um es, wenn auch zögerlich, in den Mund zu stecken. Weil ihm das nicht auf Anhieb gelang oder er es für überflüssig hielt, das Telefon vollständig hinter die Lippen zu führen, stopfte der Südländer mit der Linken, von den schütteren Haaren lassend, das silberfarbene Gerät kraftvoll nach, bis es beide Backen seines Tischnachbarn sichtbar füllte. Sei es aus einem allgemeinen Gefühl des Schreckens, sei es, weil sich das Mobiltelefon unglücklicherweise aufgeklappt hatte, entlud sich das Unbehagen des Bedrängten daraufhin, nach nur zwei, drei gewürgten Atemzügen, auf das häßlichste, indem er sich halb über dem eigenen Bauch, halb auf dem Tisch erbrach, nicht ohne auch den Salat mit Hähnchenbrust zu beflecken, so daß sich zwar der Wunsch Professor Rigas' erfüllte, endlich einmal, ein einziges Mal der Barbarei das Maul gestopft zu sehen, nicht aber die Hoffnung des Südländers, in Ruhe zu speisen.

Vom Glück

LadyLilith schrieb, daß ihr ganzes Begehren auf einen bestimmten Ausdruck der Augen gerichtet sei, der sich ins Gesicht des Mannes lege, sobald er die Grenze zur Hingabe überschreite, von der an er allen Willen in ihren Willen einschreibe, ein konzentrierter Ausdruck der Liebe und der Angst, etwas Falsches zu tun, der Angst vor ihrem Unmut und der Arglist, ihn auch dann zu strafen, wenn er sich nichts hat zuschulden kommen lassen, ein Ausdruck der Traurigkeit und Demut, aber auch der Verzückung, der Ekstase, des beispiellosen Glücks, sich hingegeben, aufgegeben und eben in der eigenen Auslöschung wiedergefunden zu haben, wiedergefunden in ihr. Dieser Standplatz der ultimativen Verzückung, der Freiheit von allen Begierden, sei niemals von Anfang an erreicht, vielmehr jedesmal neu zu erklimmen, aber natürlich besonders lustvoll beim ersten Mal, wenn das Glück für den Mann ganz unerwartet eintrete, denn so willig er sich gebe, so entschlossen er sich ihr ausliefere, so dauere es doch und bedürfe es seiner Anstrengung genauso wie ihrer präzisen, bei jedem Mann und in jeder Situation verschiedenen, seine Schwächen und verkommenen Sehnsüchte feinfühlig herauskitzelnden Anweisungen, die seinen Widerstand schließlich brächen, bis die Unterwerfung mehr als nur ein Wille, ein Versprechen, eine Sehnsucht sei, bis sie ihn ganz durchdrungen habe.

Etwas Göttliches liege dann in seinem Blick, schrieb *LadyLilith*, etwas von der vollkommenen Harmonie des Engelsgleichen, wenn der Mann zum Beispiel in Frauenkleidern sich tänzelnd der Lächerlichkeit preisgebe oder in aller Kümmerlichkeit nackt vor ihr knie, die Hände zum Männchen angewinkelt wie bei einem Hund, die

Lippen verschlossen oder die Zunge auf ihren Wunsch zum He-
cheln herausgestreckt, und sie anschaue mit weit, weit offenen Augen, denen nur ja keines ihrer Zeichen entgehen darf. Dann werde
ihm das Glück der Willenlosigkeit zuteil, der Freiheit eben vom
Willen oder, wie sie sich auf meine Rückfrage berichtigte, der Freiheit, eins mit ihrem Willen, dadurch gemeinsam mit ihr zu sein und
also gleichzeitig das wahre Glück der Vereinigung zu erfahren, das
ihr auf der Stufe der Körper nur noch so mickrig vorkomme, wie
Schwänze eben mickrig seien, weshalb sie dem Geschlechtlichen
auch ganz entsagt habe, oder, wie sie sich wiederum korrigierte,
weshalb sie das Geschlechtliche im engeren physischen Sinne nicht
mehr interessiere, jetzt, da ihr die Lust auf einer ungleich höheren
Stufe der Hingabe zuteil werde.

Hingabe? tippte ich hastig und fragte, ob sie als die Herrin
sich etwa auch hingebe. Mit etwas Verzögerung schrieb sie, ja, sie
selbst gebe sich nicht minder seinem Begehren hin, wenn sie den
je spezifischen Pfad zu ertasten suche, auf dem er über sich hinaus-
schreite. In Wahrheit sei sie es, so setzte sie wenige Sekunden später
fort, ohne meine Erwiderung abzuwarten, sei sie es, die Machtvolle,
die ihrem Untertan diene, indem sie seine geheimen, nicht einmal
ihm selbst bewußten Wünsche aus seiner Seele schabe und die Abwehr provoziere und überwinde, so daß Nicht-Wollen und Wollen,
im Kern ohnehin identisch, auch tatsächlich ineinander übergin-
gen und sich damit auflösten in ihrem Willen, der aber nichts anderes sei als der Vollzug seines Wollens wie gedachten Nicht-Wollens.

Von der Gegenwart

Claudia, die Frau meines Kameraden aus dem Kindergarten und bis heute besten Freundes Thorsten Jacobi, sagte, daß der Tod ihn überrascht habe, als er dem älteren ihrer beiden Söhne, dem vierjährigen Max, Apfelsaft einschenkte. Seine Eltern seien zu Besuch gewesen, und Claudia habe Kuchen gebacken, eine Linzer Nußtorte, von der sich alle bereits zweimal genommen hätten, als Max lautstark verkündet habe, weiterhin durstig zu sein, worauf Thorsten nach dem Zauberwort gefragt und der Sohn das Begehren als Bitte formuliert habe. Claudia sagte, daß der Kinderbecher übergelaufen sei, zwei, drei Sekunden lang, bevor Thorsten taumelnd die Flasche fallen gelassen habe und schließlich zu Boden gestürzt sei, obwohl Großvater noch geistesgegenwärtig versucht habe, ihn am Oberarm zu packen. Während der Apfelsaft auf den Tisch gelaufen sei, habe Thorsten sie mit solcher Hilflosigkeit in den Augen angesehen, daß sie das Ausmaß des Unglücks sofort erfaßte, ohne freilich dieses schon benennen, es bewußt mit dem Tod in Verbindung bringen zu können, der eine halbe Stunde später dem Notarzt entwischt sei. Sie selbst formulierte es so und fügte zur Erläuterung bei, daß der Arzt Thorsten hätte retten können, wäre er nur rechtzeitig eingetroffen (es dauerte so lange, weil gleichzeitig im Musical Dome ein Feuer ausgebrochen war), eine Überzeugung, die sie nicht mit dem Verstorbenen teile. Dieser glaube, daß sein Tod unwiderruflich eingesetzt habe, als er den Apfelsaft noch hielt, aber die Hand nicht mehr beherrschte. Von diesem Moment an habe er verfolgt, wie sich nicht die Wahrnehmung, aber der Zugang zu ihr, den Kindern und seinen Eltern wie die durchsichtige Blende einer Linse vor ihm verschloß, in einer langsamen, aber konstanten Bewegung, die am Rand

anfing und sich in konzentrischen Kreisen zur Mitte hin ausbreite-
te, bis er schließlich, obwohl noch immer im Raum und bei vollem
Bewußtsein von der Umgebung, wie durch ein mattes, unendliches
Fenster schalldicht von der Gegenwart der Familie getrennt gewesen sei. Als hinge davon das Heil seiner Seele ab, habe Thorsten darum gerungen, den Vorgang so zu beschreiben, daß er für sie nach-
vollziehbar werde. Wie bei ihrer alten Minolta sei es gewesen, wenn
man die Blende schließt, und doch anders, denn die Öffnung zur
Welt habe sich nicht nur vor ihm, sondern um ihn herum zusammengezogen, eine Kugel, die sich in ihren Mittelpunkt verkriecht.
Mehr als alles im Leben habe ihn am Sterben erschreckt, daß er sich
des Unabwendbaren des Vorgangs vollständig bewußt, restlos leer
von Hoffnung oder überhaupt von Zukunft gewesen sei, weshalb
ihre Anstrengungen und die seiner Eltern, das Verschwinden mit aller, auch körperlicher Kraft aufzuhalten, ihn um so tiefer in die Verzweiflung gerissen hätten, je panischer sie ausfielen. Claudia sagte,
Thorsten könne sich nur noch schemenhaft daran erinnern, was ihm
geschah, nachdem er endgültig von den anderen abgeschlossen war,
ein Zustand, den er im nachhinein für den klinischen Tod hält, ohne
seine Vermutung näher begründen zu können; offenbar setzte sich
die Bewegung nahtlos fort, nur daß sich mit dem Tod nicht mehr die
Außenwelt, sondern sein eigenes Sein in sich zusammenzog wie das
Licht einer Nische, in der eine Lampe verlöscht. Das ist das Gleichnis
des göttlichen Lichtes, rief ich erregt, die Nische, in der eine Lampe
brennt, eine Lampe in einem Glas, das wie ein Stern funkelt, ohne
daß Claudia etwas mit meinem Hinweis anfangen konnte. Das letzte, an das Thorsten sich erinnern könne, sei der Eindruck, gleichzeitig aus allen Richtungen erdrückt zu werden, sagte sie. Es sei nicht
einmal, daß er sich ausgepreßt wie eine Orange gefühlt habe, denn
dann wäre die Schale von ihm übriggeblieben; vielmehr habe er sich
zusammengezogen wie eine Kugel, die sich am Ende in nichts auflöst, wie ein Licht eben, das in einer Nische erlischt.

Claudia sagte, Thorsten habe verschwiegen, wo er jetzt sei und
wie es ihm gehe, wenn er es überhaupt zu sagen gewußt hätte; weil

sie ihn nur gehört, aber nicht mit ihm gesprochen habe, habe sie ihn nicht danach fragen können, doch ahne sie, daß sein Zustand sich gerade dadurch kennzeichnet, nur aus Vergangenheit zu bestehen, zumal er wiederholt von der Gegenwart gesprochen habe, als er zu erklären versuchte, wie ihm das Sterben vorgekommen sei, von ihrer Gegenwart und derjenigen der Kinder und seiner Eltern, von der er abgeschnitten worden sei. Je mehr sie über das Wort nachdenke, desto mehr sei sie davon überzeugt, daß Thorsten keine Antwort auf die Frage hätte geben können, die ihr die drängendste erscheine.

Vom Frieden

Ich war nicht dabei, aber Guido sagte, Klaus habe Freibier ausgeschenkt, Hermann die Wand geputzt und Paulo von gegenüber, wo er bedient, Pizza für alle geholt, während sich Christian und Henning über sechs Barhocker hinweg die üblichen Witze zugespielt hätten, und überhaupt sei es so lustig gewesen wie schon lange nicht mehr nach einem Spiel, weil sich die Spannung aufgelöst habe, die in den vergangenen Wochen neben den verzweifelt Hoffenden auch die Schwarzseher und Besserwisser wie Christian und Henning ergriffen hatte, denen der FC nach der objektiv unglücklichen Niederlage gegen Bayern, spätestens aber nach dem tragischen Ausgang gegen Dortmund bloß noch leid getan hatte, als ein grotesker Fehler des Schiedsrichters einen Elfmeter zur Folge hatte, der den Abstieg des FC wie den unserer Samstagsgemeinde, die wegen der variablen Spieltage der Zweiten Liga kein fester Termin mehr vereinen würde, schon besiegelt hatte, ohne daß wir Verzweifelten zu hoffen aufhörten, versteht sich. Allerdings hätten wir unseren Starrsinn an den restlichen Samstagen kaum so ungeniert bekundet, wenn nicht die Schwarzseher und Besserwisser überraschend still geworden wären, windelweich, um es in der ortsüblichen Diktion zu sagen, weil selbst sie es nicht länger ertrugen, wie der FC gleich dem Ertrinkenden mit nie dagewesener Kraft um sich schlug, obwohl alle wußten, daß er am Ende dennoch untergehen würde. Das war es ja, anders als beim ersten Abstieg vor drei Jahren hatte sich der FC wirklich bemüht, hatte sich so tapfer gegen das längst Unvermeidliche gestemmt, daß es sogar den Schwarzsehern und Besserwissern vor Mitleid das Herz zerriß und wir Verzweifelten paradox triumphierten, weil niemand mehr unsere Passion verspottete, weil niemand mehr übriggeblieben war, der sie nicht durchlitt.

Es waren schreckliche Wochen, in denen die Hoffnung regelmäßig am Horizont der Tabelle erschien, um sich am darauffolgenden Samstag als eine Fata Morgana herauszustellen, ohne daß die Enttäuschung uns davon abgehalten hätte, die Hoffnung einen weiteren Samstag später schon wieder hervorlugen zu sehen, absolut schreckliche Wochen, und daß sie uns zusammengeschweißt haben, das war zwar schön, aber ich hätte gern auf die Eintracht mit den Schwarzsehern und Besserwissern verzichtet, wenn der FC dafür nicht um den Klassenerhalt hätte ringen müssen. Als dann nach dem vorletzten Spiel, obwohl es gegen Freiburg gewonnen wurde, der Abstieg auch rechnerisch feststand, weil Nürnberg überraschend Leverkusen besiegt hatte, habe sich beinah etwas wie Erleichterung breitgemacht, berichtete Guido, der die seltsame Reaktion darauf zurückführte, daß das alptraumhafte Bangen endlich ein Ende oder die Scheiße, um es in Guidos eigenen, zwar nicht schönen, aber für eine authentische Vorstellung wenigstens gelegentlich zu zitierenden Worten zu sagen, echt lang genug gestunken habe.

Selbst Matze und Paulo hätten keine Lust mehr auf die verkorksten Wochenenden gehabt, Christian habe schon vor dem Spiel, wenn auch leise, wieder zu frotzeln angefangen, und da sich alle im stillen ohnehin eingestanden hätten, daß es vorbei war, und bloß noch darauf warteten, den Abstieg in die Tabelle gemeißelt zu sehen, deren untere Hälfte Hermann mit Kreide bunt an die Wand zu kritzeln sich angewöhnt hatte, seit Ewald Lienen entlassen worden war, um auch jene auf den Ernst der Lage aufmerksam zu machen, die samstags nicht bereits am Nachmittag in die Kneipe pilgerten, eine Maßnahme, die unsere Gemeinde der Bangenden immerhin vergrößerte, weil auch die weniger eingefleischten Anhänger des FC sich zu sorgen begannen, wenngleich das bestimmt nicht Hermanns Motiv war –, da also nun wirklich alle, selbst Heiko und Manuel in ihren rot-weißen Trikots, den Glauben nur noch mit ähnlich großer, vergeblicher Kraft aufrechtzuerhalten vermochten wie der FC, müssen sie beinah dankbar gewesen sein, sich endlich in die Niederlage fügen zu dürfen. Ich denke mir das so, schließlich war es unter allen möglichen Varianten des Unausweichlichen eine Variante, die verhältnismäßig wenig schlimm war – das hört sich bescheiden an, aber wenn man über Wochen hinweg jeden Samstag sein Golgatha erlebt, wird man empfänglich noch für die Schatten des Glücks, wie es einem Anhänger von Bayern München niemals möglich wäre. Fürwahr, man hätte nicht gelungener untergehen können, der FC hatte sich mit einem Sieg verabschiedet, Leverkusen verloren – natürlich sei das nicht gut, aber wenn man schon absteige, dann doch am liebsten mit einem Sieg und deshalb, weil Leverkusen nicht Meister würde, bemerkte Guido, der den Schwarzsehern und Besserwissern angehörte, aber nun zu mir aus der Verzweiflungsfraktion so milde vom FC sprach, als habe er die Kreide gefressen, mit der Hermann die Tabelle nicht mehr schrieb. Daß der FC die längste Zeit der Saison grauenhafte Vorstellungen geliefert hatte – kein Vorwurf kam von Guidos Lippen, nur die simple Feststellung der Tatsache, die er zudem noch mit dem Hinweis auf die Tapferkeit der letzten Auftritte gegen Dortmund oder Bayern sofort verdrängte. Es schien, als hätten er und, wenn seine Schilderung stimmt, auch alle anderen sich zu ihrer eigenen Verblüffung mit der Zweiten Liga abgefunden, Frieden geschlossen mit Wacker Burghausen, Frieden damit, in den überregionalen Sportteilen montags nur noch in der Statistik aufgeführt zu werden, Frieden mit variablen Spieltagen, an denen einen das Deutsche Sportfernsehen hin- und herschiebt wie einen leeren Güterwaggon, Frieden mit unserer eigenen Zweitklassigkeit, der Zweitklassigkeit unseres Lebens, das für die Bundesliga des Glücklichseins einfach nicht mehr reicht. Das war mehr als nur Resignation, es war, als hätte der Schwung des gemeinsam erlebten, anständigen Abstiegs sie dazu beflügelt, sich in die Vergeblichkeit, in die eigene Nichtigkeit, in das Dasein, das nicht gut, aber nun einmal ist, wie es ist, zu ergeben. An einem traurigen Samstag nachmittag, dem vorletzten

Spieltag der vorerst letzten Erstligasaison des FC, hatte unsere kleine Gemeinde eine große Lektion abgeschlossen: Die Verzweifelten
und die Trikotfraktion hatten das Lachen entdeckt, das neben dem
Leid besteht, ohne ihm etwas zu nehmen, die Schwarzseher und
Besserwisser hatten das unverstellte Leiden mit dem FC gelernt; er
muß großartig gewesen sein, dieser Samstag nachmittag, der noch
lange nicht vorbei gewesen sein soll, als gegen halb neun die ersten Unbeteiligten in die Kneipe kamen, in die der Frieden (ja, ich
schrecke vor dem Wort und seiner Wiederholung nicht zurück), in
die nach den Wochen des Entsetzens der Frieden eingekehrt gewesen sein muß, wenn einer wie Guido lammfromm geworden ist. Ich
denke mir es jedenfalls so, denn ich war schließlich nicht dabei und
habe es nicht erlebt und bin, sofern Guidos Schilderung nicht trügt,
allein in unserer Verzweiflungsfraktion zurückgelassen worden, die
aber in der nächsten Saison wieder Zulauf haben dürfte, wie ich be-
fürchte, ohne deswegen zu den Schwarzsehern zu gehören.

Von der Wahrheit

Mein Onkel erzählte mir von einer jungen Frau in Isfahan, an deren Namen ich mich nicht erinnere, sie hieß Frau Narrâti oder Narrâghi oder vielleicht auch Namâzi, etwas in der Art, mit *N* jedenfalls, oder, um genauer zu sein: mit *N* und *A* am Anfang, ich glaube sogar mit *N, A,* Doppel-*R* und dem dunklen *Â* des persischen Alphabets, dem *Alef,* das ähnlich wie das schwedische *Å* klingt, Narrâti, Narrâghi, also eher nicht Namâzi, denn bei dem Namen handelte es sich, soweit ich mich entsinne, um eine dieser *fa''âl*-Konstruktionen aus dem Arabischen, wobei das Apostroph für einen eigenständigen arabischen Buchstaben steht, das *cayn* nämlich, das im Deutschen keine Entsprechung hat und in der Umschrift durch das hochgestellte *C* angezeigt wird, es ist ein gepreßter Kehllaut, wie wenn jemand, der gewürgt wird, für eine halbe Sekunde um Hilfe ruft, aber nur im Arabischen, nicht im Persischen, das die exzentrischen Laute meidet und die Klaviatur der Konsonanten zugunsten der Vokale einschränkt, den langgezogenen Vokalen, dem *U* und dem *I* und vor allem dem *Alef,* das im Vortrag der Dichter und Dichtungen manchmal gar kein Ende nehmen will, schon gar wenn klassische Verse vorgetragen werden – und erst die Sänger, die ganze Minuten das *Alef* tremolieren können, die alten Sänger vor allem, die nicht in dem Sinne schön klangen, wie Placido Domingo oder Roger Whittaker schön klingen sollen, diese Sänger aus den dreißiger, fünfziger, vereinzelt noch, wie Golpâyegâni, siebziger Jahren, die schrien, was das Zeug hielt, und sich um Harmonie nicht scherten, sondern unter Aufbietung all ihrer Kunst, ihrer in Jahrzehnten erworbenen stimmlichen Fertigkeiten, darum rangen, dem Schmerz einen je neuen, präzisen Ausdruck zu geben;

der Schmerz aber klingt nicht schön, nein, zumindest nicht schön
im Sinne Placido Domingos und schon gar Roger Whittakers, der
Schmerz klingt schrecklich, daß es ins Mark geht, er generiert seine Verlockung aus der Wahrheit, nicht der Schönheit, wenngleich
er in einem anderen Sinne durchaus als schön zu bezeichnen wäre,
insofern er nämlich anziehend ist: Wer ihn hört, der hört ihn gern,
ihm gefällt der Sänger dort am besten, wo er für ein verschlosse-
nes Ohr bloß noch schreit, ihm gefällt das Tremolo am besten, das
auf dem *Alef* am herrlichsten, am erschütterndsten gelingt. Aber
was ich in Wahrheit schreiben wollte, ist etwas anderes: Ich wollte
schreiben, daß das Apostroph bei der Umschrift persischer Wörter
einfach dafür steht, die Stimme zwischen zwei Vokalen abzusetzen,
wie bei *Ne-on*, *re-al* oder *de-aktivieren*, denn das Persische meidet die
emphatischen und gutturalen Konsonanten, ihm fehlt überhaupt
ein guter Teil des Lautarsenals, das die arabische Hochsprache so
variabel macht, so prädestiniert für die Lautmalerei, von der sich
die arabische Dichtung und der Koran nicht am wenigsten nähren;
und von der *faccâl*-Konstruktion wollte ich schreiben und wie sie
sich aus den drei Konsonanten eines jeden regelmäßigen arabischen
Wortes ableitet, und natürlich von jener Frau, die mein Onkel in
Isfahan kannte, ich muß nur schnell hinzufügen, weil ich sonst die
Hälfte verschwiegen hätte, daß das Exaltierte des Arabischen der
persischen Sprache zwar abgeht, dieses dafür im tremolierten Alef
der gesungenen Dichtung wiederkehrt oder mindestens bei den alten Sängern wiederzukehren pflegte, während viele der heutigen
Sänger, die meisten Vortragenden der klassischen Poesie und beinah alle schlechten Dichter das Schrille, Spitze, Dumpfe, Polternde
fliehen, weil es ihrem Empfinden von Harmonie widerstrebt, einem
Empfinden, das weltweit sich ausbreitet und dem persischen Kunst-
gesang ein domingohaftes oder gar whittakersches Moment beschert hat. Ich schreibe das ohne Hintergedanken, also nicht etwa,
um über die unscheinbaren Auswirkungen der westlichen Kultur-
industrie zu lamentieren, sondern bloß, weil es sich aus dem zuvor
Geschriebenen ergab, wie sich überhaupt das eine aus dem anderen

ergeben und mich davon abgehalten hat, von der *faccâl*-Konstruktion sowie der Frau zu schreiben, von der mein Onkel erzählte. Auf die *faccâl*-Konstruktion kommt es mir hier nicht an, nur auf die Bekannte meines Isfahaner Onkels, an deren Namen ich mich nicht erinnere, ich weiß nur, daß ihr Name für die Erzählung meines Onkels wichtig war, weil er etwas bedeutete, das ihrem Wesen oder vielleicht auch ihrem Beruf oder womöglich ihrer Biographie genau entsprach oder vielleicht auch umgekehrt auf groteske Weise widersprach, nicht einmal das weiß ich mehr, und in diesem Zusammenhang war es notwendig geworden, von der *faccâl*-Konstruktion zu schreiben, die oft eine Berufsbezeichnung wie Schneider oder Schuster anzeigt, weil sie jemanden in seiner Tätigkeit spezifiziert, *Hammâl* zum Beispiel, »Träger«, das sich vom arabischen *Hamala* herleitet, »tragen«, *Baqqâl,* »Lebensmittelhändler«, das ursprünglich auf Händler von Gemüse beschränkt war und aus dem arabischen *Baqala* folgt, »sprießen«, oder schließlich *Naqqâsch*, »Maler«, das vom arabischen *Naqascha* abstammt, »eingravieren, anmalen, schnitzen«, indes das letzte Beispiel vielleicht unnötig verwirrt, da das deutsche *sch* im arabischen und persischen Alphabet ein einziger Buchstabe ist, *schin* genannt, aber das ist jetzt auch nicht so wichtig, wichtig war in Wahrheit nur diese Frau aus Isfahan, von der mein Onkel erzählte, wichtig war ihr Name, der mir nun partout nicht einfallen will, obwohl doch die Erzählung meines Onkels eben ihn zum Mittelpunkt hatte, den Namen der Frau, die er kennengelernt hatte, Narrâti oder Narrâghi, etwas in der Art, jedenfalls nicht Namâzi.

Von der Falschheit

Georg, über den zu berichten ich angekündigt hatte, überliefert, daß Theodor W. Adorno im Verlauf ihrer Freundschaft, die von der Dissertation des Schülers im Jahre 1958 bis zu des Philosophen frühem Tod gewährt, hartnäckig sich geweigert habe, an den verschiedenen Whiskys auch nur zu riechen, die ihm Georg mit spöttischer, ja beinah unverschämter Beharrlichkeit offenen Deckels entgegengehalten haben muß, wann immer ihn Adorno in Zürich besuchte, damit dieser den Irrtum erkenne, dem er unterlegen gewesen sei, als er gegen Ende des Zweiten Weltkriegs die Behauptung aufstellte, daß jedem Glas Whisky – ebenso übrigens wie jedem Zug an der Zigarre, aber darüber scheinen sich die beiden Freunde nie gestritten zu haben –, jedem Glas Whisky also der Widerwille noch sich nachfühlen lasse, den es den Organismus gekostet habe, auf so kräftige Reize anzusprechen. An dieser Stelle sei die *Minima Moralia* einfach falsch, erregte sich Georg, als er mir kürzlich seine Freundschaft mit Adorno enthüllte, um die ich ihn ungleich mehr beneide als um seine Sammlung edler schottischer Destillate, schlicht und ergreifend falsch sei der Satz, für eine Flasche aus dem Supermarkt möge er wohl gelten, aber so ein neunzehnjähriger Port Ellen aus Islay, dessen magisch in die Länge sich ziehender Abgang Süße und Rauch verbinde, oder der fünfundzwanzigjährige Brora aus einer 1983 geschlossenen Destillerie in den Northern Highlands, der den betörend irritierenden Geschmack von entferntem Meersalz im Gaumen zurücklasse, das nur wenige Erwählte zu orten imstande seien, hingegen sein Rätsel die Laien nur stetig zu sich locke, ein solches Elixier sorgfältigst komponierter, länger als ihrer beider Freundschaft lagernder Aromen würdigen zu können setze gerade nicht Abgestumpftheit, vielmehr höchste Sensibilität voraus, damit es die Erwartung des Trinkenden mit jedem Schluck aufs neue täusche, wie es Adorno gegen Lebensende selbst in seiner *Ästhetischen Theorie* für die großen Kunstwerke beschrieben hat, vielleicht nicht ohne, wie Georg kokett vermutete, von den Schilderungen beeinflußt gewesen zu sein, mit denen er dem Lehrer und Freund das Erleben eines Brora oder auch eines fünfzehnjährigen Glenturret anpries. Hätte Adorno nur einmal gekostet, nur einmal das Salz wie Kohlensäure in der Kehle prickeln gefühlt, hätte er nur den Rätselcharakter des langgezogenen Port Ella in seiner Abgründigkeit ermessen oder den Sherry geschmeckt, den die eigens aus Jerez de la Frontera gelieferten, gebrauchten Fässer beisteuerten, ganz bestimmt hätte er den Satz für die nachfolgende Auflage geändert, sagte Georg, der den Irrtum für allzu offensichtlich hielt, um von Adorno bestritten zu werden, und seinen Freund für allzu gewissenhaft, um seinen Irrtum nicht öffentlich zu revidieren.

Es sei nicht Starrsinn gewesen, der Adorno davon abgehalten habe, an der offenen Flasche auch nur zu riechen, verstockt sei er nicht gewesen, auch wenn dies insbesondere im Zusammenhang mit seiner Meinung über die ebenso beharrlich abgelehnte Jazzmusik zu lesen sei; Adorno habe ihm, Georg, ohnehin geglaubt und mußte also nicht die angebotenen Whiskys probieren, um sich seines Fehlers bewußt zu werden, nur zugeben konnte er es nicht, meinte Georg, der sich über die Ignoranz seines prominenten Freundes zugleich ärgerte und sie in Schutz nahm. Adorno konnte den Whisky nicht probieren, erklärte Georg dieses Paradox nachgerade adornitischer Prägung, denn wenn Adorno den Whisky probiert hätte, wäre er gezwungen gewesen, den Fehler einzuräumen und aufgrund der Konsequenz, die ihn auszeichnete, den Satz umzuschreiben. Das jedoch habe Adorno unbedingt vermeiden wollen, nicht weil er verstockt oder eitel gewesen wäre, vielmehr weil er, wie Georg betonte, einer höheren Instanz als einem Degustationssystem verpflichtet und der Whisky-Satz wahr war, wie er war, wahr mitsamt seinem Fehler, er war wahr, nicht obwohl, sondern

weil Adorno sich die Wirkung des Whiskys im Gaumen so eingebildet hatte, wie es in dem Satz stand, denn nur so konnte der Satz
zum Ausdruck bringen, was Adorno über das moderne Mannsbild
zu sagen hatte und sein einstiger Schüler der Sache nach vorbehalt-
los teilte. Die Sache nun hatte nichts mit dem wahren Geschmack
des Whiskys, sondern der Falschheit seiner stereotypen Genießer
zu tun, beides gehörte zusammen, die Sache und die Falschheit, sie
waren nicht zu trennen, so daß der Satz falsch gewesen wäre, wenn
er wahr gewesen wäre. Deshalb, weil er gewußt habe, daß der Satz
nur wahr war, wenn er falsch war, hätte Adorno, der Georg einmal
entgegen anderslautender Aussagen gestanden habe, die *Minima
Moralia* für sein eigentliches, für sein – wenn überhaupt – einzig
bleibendes Werk zu halten, das er in den strenger philosophischen
Werken sein Leben lang vergeblich einzuholen versucht habe, deshalb hätte er sich schützend vor seine Einbildung gestellt, damit sie
keinem Brora, keinem Port Ellen, keinem Glenturret oder Mortlach
ausgesetzt wäre, nicht um recht zu behalten (wie gesagt: daß er einem Irrtum unterlag, habe er gewußt und hätte er ohne weiteres
zugegeben, wenn es nur um ihn gegangen wäre, doch habe Adorno bekanntermaßen eine entschiedene Werkästhetik vertreten),
sondern damit der Satz recht behalte, der ohne das spezifische Beispiel des Whiskys nicht gesagt hätte, was vielleicht nicht in einem
Degustationskompendium, wohl aber in einer *Minima Moralia* zu
sagen war. So erklärte mir Georg die wahrscheinlichen Gründe dafür, daß Adorno den Mund koboldhaft verzogen und die Hände
zur übertriebenen Abwehr von sich gestreckt habe, sobald Georg
ihn mit der offenen Flasche bedrängte, obwohl es natürlich nur
allzugut möglich ist, wie er selbst einräumte, daß Georg sich die
Gründe nur einbildet. Ich selbst denke nämlich, daß Abwehr und
Drängen in ihren Übertreibungen vielleicht nur ein Spiel zwischen
den beiden waren, denn ich kann mir das nicht anders als scherz-
haft gemeint vorstellen, daß ein Adorno sein Gesicht koboldhaft
verzieht, obwohl er tatsächlich, wenn ich es recht bedenke, etwas
von einem Kobold hatte, nicht nur im Gesicht, sondern auch in

seinen Schriften, besonders in der *Minima Moralia,* die er besonders liebte, wenn stimmt, was Georg behauptet. Wahrscheinlich hat man immer den Humor verkannt, mit dem Adorno, der nicht eben wie ein Beau aussah, koboldhaft sich gegen das Mannsbild kulturindustrieller Prägung stemmend einen Satz wie den vom Whisky schrieb, aber vielleicht bilde ich es mir auch nur ein, wie Georg sich einbildet, daß Adorno die Einbildung vor dem Einbruch der Realität geschützt hat, um dem Wahren im Falschen zu entgehen, wenn ich ihn, also Georg, überhaupt richtig verstanden habe, etwas rätselhaft war es schon, was er sagte, was im Sinne der *Ästhetischen Theorie* seines Freundes und Lehrers überhaupt nicht gegen seine Ausführungen spricht, im Gegenteil. Ich wundere mich nur, daß Georg mir nicht vorher schon von seiner Freundschaft mit Adorno berichtet hat, wo er doch weiß, wie sehr mich insbesondere dessen *Minima Moralia* leitet, vielleicht hat er die Sache mit Adorno nur erfunden, wenn auch gewiß nicht, um sich wichtig zu machen, sondern um mir zu sagen, was er zu sagen hatte und nicht anders als durch die Erfindung sagen konnte, und ich bilde mir nun völlig zu Unrecht ein, mit einem engen Freund Adornos befreundet zu sein, über den ich entgegen meiner Ankündigung wieder nichts geschrieben habe, aber vielleicht kann man sich jetzt schon vorstellen, was für einer der Georg ist, von dem ich an anderer Stelle zu berichten hoffe.

Von der Angst

Mein Bruder sagt, daß die Angst beim alten Herrn Tabrizi einsetzte, bevor er überhaupt etwas spürte, schon bei der bloßen Annahme, daß er bald etwas spüren könnte. Wie mein Bruder erklärt, lag das daran, daß Herr Tabrizi gelernt hatte, den Krampf abzuwenden, indem er rechtzeitig, schon beim ersten Gefühl der Irritation, in die Mitte der Empfindung atmete, wie es die Physiotherapeutin ihm beigebracht hatte, und das hochdosierte, entzündungshemmende Schmerzmittel sowie den Tranquilizer nahm, der seine Muskeln mitsamt seinem Bewußtsein in den Schlaf wiegte. Wartete Herr Tabrizi auch nur zehn oder zwanzig Minuten zu lang, sagt mein Bruder, konnten die Tabletten in noch so hoher Dosierung nicht verhindern, daß der Krampf, der mit dem bloßen Gefühl eines kühlen Hauches sich an der immer gleichen Stelle, drei, vier Zentimeter rechts des Brustwirbels, ankündigte, im Laufe eines halben Tages den gesamten Muskel in Spannung versetzte, bis er schließlich den Wirbel erfaßte, der wiederum den Brustkorb in den Sog der Nerven riß, daß es Herrn Tabrizi die Luft nahm. Was ihn bis dahin nur als stete Steigerung des Schmerzes im Rücken gequält hatte, setzte sich nun zusätzlich, aber ungleich schlimmer als Atemnot fort, als physische Beklemmung, die sich zunächst in allgemeiner Unruhe äußerte, um rasch in Panik umzuschlagen, weil Herr Tabrizi zu ersticken meinte. Dann half nichts mehr, so erinnert sich mein Bruder, als Herrn Tabrizi mit allen Kräften festzuhalten und ihm so starke Beruhigungsmittel zu spritzen, daß es in der Wirkung einer Narkose gleichkam, damit der Arzt überhaupt die Möglichkeit hatte, den Muskel zu behandeln. So endete es jedenfalls die ersten zehn oder fünfzehn Male, sagte mein Bruder.

Je öfter ihn der Rücken der Qual aussetzte, desto besser lernte Herr Tabrizi den Verlauf der Nervenbahnen kennen, und desto früher griff er zu den Mitteln, die ihn vor der Atemnot zu bewahren versprachen, den Übungen und Medikamenten, und er lernte, immer schneller festzustellen, ob sie noch wirkten oder er schnellstmöglich ins Krankenhaus fahren mußte, um sich spritzen zu lassen. Heikel muß diese Entscheidung gewesen sein: Einerseits vertrug er die Spritzen so schlecht, daß sein Kreislauf mehrere Tage Bettruhe benötigte, um sich wieder zu stabilisieren, andererseits geriet Herr Tabrizi durch den bloßen Gedanken an den implodierenden Brustkorb in Aufruhr. So entwickelte sich ein regelrechter Wettlauf, in dem Herr Tabrizi nur dann eine Chance hatte, die Spritzen abzuwenden, wenn er den Rückenschmerz schon mit seinem ersten Hauch erkannte und sofort mit der Atemübung begann und das Schmerzmittel zusammen mit dem Tranquilizer einnahm. Verpaßte er den Zeitpunkt, an dem seine eigene Behandlung noch anschlug, blieben ihm nur noch die Spritzen, die er nicht vertrug. Immer früher begann Herr Tabrizi mit den Übungen und Medikamenten, und da er außerdem deren Wirkung immer schneller absehen konnte, rief Herr Tabrizi im Falle, daß die Medikamente nicht wirkten, immer schneller das Taxi, das ihn ins Krankenhaus brachte.

Nachdem er herausgefunden hatte, daß die Übungen und Medikamente die Verkrampfung nur dann lösten, wenn er sie mit der ersten irritierten Regung der Muskeln anwandte, gelang es ihm tatsächlich einige Male, die Fahrt ins Krankenhaus zu vermeiden, aber gerade als er meinte, sein Rückenleiden zu beherrschen, entglitt ihm der Schmerz auch wieder, sei es, weil er leichtsinnig geworden war, sei es, weil die Wirkung der Medikamente ob der regelmäßigen Einnahme nachließ, und so wurde Herr Tabrizi mit jeder bestätigten Angst mißtrauischer und fing an, sich auf bloßen Verdacht zu behandeln, bis er das Vermögen, die Zeichen seines Rückens rechtzeitig zu verstehen, vollständig verlor und beinah täglich zu den Medikamenten griff, die in ihrer Wirkung nun endgültig nachließen, so daß er immer öfter und am Ende nach jeder Entlassung schon am nächsten Tag wieder ins Krankenhaus zurückkehrte.

Wenn die Ärzte ihm die Spritzen verweigerten, weil sie an Herrn Tabrizi zunehmend hypochondrische Züge wahrnahmen und sich um seinen angeschlagenen Kreislauf sorgten, versuchte Herr Tabrizi es in einem anderen Krankenhaus, aber es dauerte nicht lang, da kannten ihn alle Ambulanzen Kölns, und es war auch in den Computern vermerkt, daß man ihm die verlangten Injektionen nicht ohne weiteres verabreichen dürfe. Doch blieb den Ärzten gar nichts anderes übrig, als ihm starke Beruhigungsmittel zu verabreichen, sagt mein Bruder wie zur Entschuldigung, da das Herz des alten Herrn Tabrizi bedenklich raste. Es war nicht mehr möglich, die Verkrampfung im rechten Muskel des Brustwirbels zu diagnostizieren, da Herr Tabrizi sich so sehr vor ihr fürchtete, daß er beinah den ganzen Tag damit beschäftigt war, in die Stelle des möglichen Schmerzes zu atmen, und die Medikamente zu sich nahm, bevor die Nerven überhaupt hätten blockieren können. Das reduzierte zwar die Frequenz seiner Anfälle, doch mußte er sich dafür der psychotherapeutischen Behandlung unterziehen, in deren Verlauf seine Angst so pathologische Züge annahm, daß mein Bruder ihn in eine Nervenheilanstalt einliefern mußte, wo Herr Tabrizi nun, von der Bedrohung durch den Rückenwirbel und von den unerträglichen Spritzen immerhin erlöst, rund um die Uhr medikamentös ruhiggestellt wird.

Vom Schicksal

Als Majid Susannas Beine öffnete, dachte er an das Mißgeschick, sich zwei Stunden zuvor auf der Toilette des Café Schmitz die Unterhose mit mehr als nur einem Tropfen benäßt zu haben, weil er über den Gedanken an Susannas offene Beine nicht auf sein Geschlecht geachtet hatte, das sich zu erleichtern begann, obwohl es noch nicht vollständig aus dem Hosenschlitz herausgetreten war. Penibel gepflegt, wie Majid in seiner eingestandenen Eitelkeit stets auftrat, peinigte ihn die Sorge, daß Susanna den Urin gerochen, womöglich die Umrisse des Flecks gesehen habe, als sie mit den Zähnen den Bund der Unterhose angehoben und über sein Geschlecht nach unten geführt hatte, nein, es war mehr als eine Sorge, es war ein Wissen, sie mußte sein Mißgeschick einfach gerochen, wenn nicht gesehen haben, sie mußte ihn für unreinlich halten, für ekelhaft, ja, sie mußte sich ausgerechnet vor ihm, dem stets gepflegten Majid ekeln, der im denkbar ungünstigsten Moment, nämlich vor dem Urinal des Café Schmitz, an Susannas offene Beine gedachte hatte und nun vor den offenen Beinen Susannas kniend an nichts anderes mehr denken konnte als an das Urinal des Café Schmitz. Als wolle ihn das Schicksal strafen, mehr noch, als wolle es ihn verhöhnen für seine Eitelkeit, hatte die vielleicht übertriebene, für jemanden wie Majid aber unabweisliche, unüberwindbare, nicht einmal durch Susannas offene Beine zu verdrängende Sorge zur Folge, daß sein ohnehin nicht eben prächtiges Geschlecht, das auf der Toilette des Café Schmitz immerhin mit Urin und Erregung prall gefüllt war, ausgerechnet vor Susannas offenen Beinen jämmerlich verloren herabhing wie ein halb aufgeschnittener Wurm.

Sosehr Majid zwischen die offenen Beine Susannas starrte, um den Gedanken an seine befleckte Unterhose zu vertreiben – er vermochte es nicht, er konnte seine Gedanken nicht bei Susannas offenen Beinen lassen, weil er immerfort an die Unterhose denken mußte, die doch aus keinem anderen Grund befleckt war, als daß er auf der Toilette des Café Schmitz an die offenen Beine Susannas gedacht hatte, und nun kniete er mit herabhängendem Wurmfortsatz vor den offenen Beinen Susannas und dachte an nichts anderes als an die Toilette des Café Schmitz, auf der er an die offenen Beine Susannas gedacht hatte, und er verfluchte das Schicksal, das ihn durch eine einfache Vertauschung der Gedanken – vor dem Urinal Susannas offene Beine und vor Susannas offenen Beinen das Urinal – lächerlich machte vor der Frau, um die er seit Jahren, genau gesagt, seit Rezas Geburtstagsfete am Millenniumswechsel, mit Blumen, Gedichten und tausend weiteren Aufmerksamkeiten sich bemüht und die er nun endlich im Café Schmitz zu einem Kuß bewegt hatte, der unweigerlich – die Zeichen waren deutlich – die gemeinsame Nacht zur Folge haben würde, und Majid hatte an die kommenden Stunden gedacht und voller Erregung sich vorgestellt, wie er die Begehrte umarmen und wie er sie ausziehen würde, das ging nicht aus seinem Kopf, während er von dem Barhocker aufstand, um sich für kurze Zeit zu entschuldigen, und gerade als er vor dem Urinal stand, war es passiert, hatte er das Schönste sich vorgestellt, was ihm seit dem Millenniumswechsel in den Sinn kommen konnte, er hatte an Susannas offene Beine gedacht und sich darüber befleckt, so daß er vor Susannas offenen Beinen an die befleckte Unterhose denken mußte und den Wurmfortsatz und daß alles zusammenhing und aufgereiht wie an einer Perlenspur immer alles logisch aufeinanderfolgte, um einen mit der Ahnung vom Glück zu infizieren und auf die denkbar jämmerlichste Weise, in der Verlorenheit zu enden, weil die Perlenschnur am Ende offen war oder sich verknotete oder eben zur Kette zusammengebunden am Ende wieder zum Anfang gelangte, als wäre alles umsonst gewesen, alles Bemühen im Leben, und das war es ja auch, fand Majid, als er die befleckte Unterhose beinah unter Tränen und vollständig ernüchtert wieder anzog, weil der Wurm wie abgeschnitten hängen blieb und sich auch unter Zuhilfenahme zunächst ihrer, dann auch seiner Hände partout nicht aufrichten wollte, und sich so die Beine Susannas unverrichteter Dinge wieder schlossen und das Schicksal Majid verhöhnte, indem es ihm das Verlangen nach Susannas offenen Beinen einimpfte und dann, gerade weil er an sie denken mußte, diese Beine auf immer für ihn verschloß, öffnete Susanna doch ihre Beine gewiß nicht oft und schon gar nicht ein zweites Mal für jemanden, der sich ihrer so unwürdig erwiesen hatte wie Majid, und selbst wenn sie es täte oder tun wollte, würde sich Majid bestimmt kein zweites Mal mehr vor sie hinknien, weil er befürchten würde, ja befürchten mußte, vor Susannas offenen Beinen an nichts anderes zu denken als daran, wie er zum ersten Mal vor Susannas offenen Beinen kniend an die befleckte Unterhose dachte, wie Reza mir mitleidvoll mitteilte.

Von der Sache

Horst sagte, Matti habe gesagt, daß alles noch in Ordnung gewesen sei, als Peter zu Sabine gesagt habe, es sei trotz der Sachen, die sie über ihn, Matti, gesagt habe, noch alles in Ordnung mit ihnen zwei, also mit Peter und Sabine, aber dann habe Peter gesagt, Sabine solle in Zukunft nicht mehr solche Sachen sagen über seinen Freund Matti, und da sei sie ausgeflippt und habe Peter gesagt, sie würde nie mehr mit ihm reden, wenn er auch nur einmal vor ihr den Namen Matti erwähnen würde, nie mehr, aus und vorbei sei es dann. Aus heiterem Himmel sei das gekommen, habe Matti gesagt, der allerdings nicht dabei war, sondern es nur von Peter gehört haben kann, und die Sache hätte sich bestimmt anders angehört, wenn Sabine sie Matti gesagt hätte, aber das ist schon deshalb Unsinn, weil Sabine nicht einmal mehr den Namen Mattis erwähnt wissen möchte, zu schweigen davon, daß sie mit Matti reden würde, noch dazu über diese Sache, die ziemlich extrem gewesen sein muß, so wie Horst sich angehört hat, obwohl der gar nicht recht wußte, worum es sich eigentlich handelte.

Die beiden – also Matti und Sabine – hätten sich noch nie viel zu sagen gehabt, sagte Horst, und wenn das stimmt, muß man es doch nicht von vornherein glauben, wenn Matti sagt, daß der Ausbruch Sabines völlig grundlos gewesen sei, denn was weiß ich, welche Worte da zuvor zwischen den beiden, also zwischen Matti und Sabine, gefallen waren, daß sie auf ihn, also auf Matti, so schlecht zu sprechen gewesen sei und nicht verstehen konnte, daß Peter mit ihm noch redete, und außerdem kann es auch gut sein oder ist es sogar anzunehmen, daß Peter Sabine durch die Sachen, die er über Matti gesagt zu haben scheint – also daß er sein Freund sei und normalerweise so Sachen nicht machen würde und so weiter –, daß Peter also Sabine provoziert hat, und sei es ohne Absicht, man kann sich schließlich nicht vorstellen, daß da gar nichts zwischen Sabine und Matti war, da muß ja etwas gewesen sein, daß sie so aufgebracht war über ihn, selbst wenn Horst nichts davon wissen wollte und der Schilderung Mattis glaubte, daß da überhaupt nichts zwischen den beiden war, also zwischen Matti und Sabine, außer der alten Feindschaft, die blieb, als Sabine mit Mattis Freund Peter zusammenkam. Es ist klar, daß Matti das sagt, und Horst ist auch nicht eben neutral in der Sache, ist er doch genauso wie Peter seit Jahren mit Matti befreundet, deshalb würde mich interessieren, was Peter und besonders Sabine zu sagen haben zu der Sache und ob es wirklich stimmt, daß Peter überhaupt nichts gesagt hat zu den Sachen, die Sabine über Matti sagte, sondern nur, daß alles noch in Ordnung sei zwischen ihnen beiden, also zwischen Peter und Sabine.

Vorausgesetzt, es ist wirklich so gewesen, wie Horst sagt, dann ist es schon nett gewesen von Peter, so ruhig zu bleiben nach all den Sachen, die Sabine über seinen Freund Matti gesagt haben soll; ganz freundlich, wie es seine Art ist, habe Peter gesagt, daß zwischen ihnen, also Peter und Sabine, alles in Ordnung sei, sagte Horst und berief sich auf Matti, der das von Peter gehört haben will. Horst fand, daß Sabine spinne, mehr noch: Er sagte, daß er nicht einfach so still geblieben wäre, wenn seine Freundin solche Sachen über seinen besten Freund gesagt hätte. Peter gebe viel zu schnell klein bei, sagte Horst – oder hat er gesagt, daß Matti das gesagt habe?, ich weiß es nicht mehr, denn es ist wirklich schwer, die Übersicht zu behalten, wenn der eine einem erzählt, was der andere gesagt haben soll über die Sachen, die sich zwei sagen, zumal diese Sachen so undurchsichtig sind, daß selbst der, der sie erzählt, nicht zu sagen weiß, worum es geht, und dann ist es, wie gesagt, auch noch so, daß man in dieser Sache nicht von vornherein alles glauben muß, was Peter sagt, geschweige denn, was Matti sagt, über den doch Sabine all diese Sachen gesagt haben soll, wenn das überhaupt alles stimmt, was Peter Matti gesagt haben soll, und Horst ist auch nicht eben neutral, wie gesagt. Wie auch immer, es muß so gewesen sein, daß Sabine gar nicht mehr mit sich reden ließ, sondern Peter nur anschrie, er solle sich doch ruhig trauen, noch einmal den Namen Matti zu sagen, dann würde er schon sehen, komm, sag's noch einmal, habe Sabine laut Matti, der mit Peter gesprochen hat, gesagt, los doch, trau dich, habe sie gesagt, sag's noch einmal, Peter, sag noch einmal Matti, und ich bin weg.

Von der Verrücktheit

Der größte unter den Spinnern, mit denen er zu tun gehabt habe, sei einer gewesen, dreißig, fünfunddreißig Jahre alt, der seine Eltern dafür verklagen wollte, ihn geboren zu haben, erzählte Rolf, als wir in seinem neuen Geländewagen nach Müngersdorf fuhren, was speziell vor einem – ja, nennen wir's ruhig so, in München oder Madrid mag man uns dafür verlachen – Spitzenspiel die reine Tollheit ist, wenn man in der Innenstadt wohnt und die Möglichkeit hat, die Straßenbahn, deren freie Benutzung im Ticketpreis enthalten ist, oder besser noch das Fahrrad zu nehmen, das sich an einem vollendeten Spätsommertag anbietet, weil vom Eigelstein aus die Strecke bildschön über den Grüngürtel und dann durch den Stadtwald führt, während die Autofahrer auf der Aachener ebenso wie auf der Dürener und allen anderen Ausfallstraßen im Schritttempo durch die erhitzten Abgase vorstoßen und, endlich angekommen, noch einmal dieselbe Zeit brauchen, um einen Parkplatz zu suchen, der dann so weit entfernt vom Stadion ist, daß sie gleich hätten vom Rudolfplatz laufen können.

Auf den Gegenstand des Närrischen sind wir angesichts der Fährnis gekommen, zwanzig Minuten vor Anpfiff nicht einmal die Innere Kanalstraße passiert zu haben, so daß ich aus Sorge, mich zu verspäten, nicht mehr an mich halten konnte und Rolf die Verrücktheit aufrechnete, mich nicht mit dem Fahrrad abgeholt zu haben. Seine Entschuldigung, nun einmal in sein neues Auto – noch dazu ein japanisches Fabrikat! – vernarrt und froh zu sein über jede Gelegenheit, darin zu fahren, hatte ich mit dem Hinweis auf den ökonomischen wie ökologischen Irrsinn weggewischt, als Junggeselle ein siebensitziges, achtzylindriges Schiff auf Traktorenrei-

106

fen zu kaufen, das vielleicht einen Beduinenstamm durch die Sahara kutschiere, aber in kein Parkhaus passe. Daß Rolf sich in den Lobpreis seines Navigationssystems flüchtete, minderte mein Unverständnis nicht, standen wir doch nicht vor dem Problem, uns verfahren zu haben, sondern trotz dreihundert Pferdestärken nicht schneller als eine lahme Ente zu fahren. Immerhin bot mir unsere selbstverschuldete Not die Gelegenheit, allgemeine Überlegungen zum Wahnwitz der modernen Gesellschaft anzustellen, und so waren wir zunächst auf die Verrücktheiten, dann auf die Verrückten unserer alltäglichen Lebenswelt gekommen, als deren größten Rolf jenen Mann von dreißig, fünfunddreißig Jahren bezeichnete, der vor ein paar Wochen in seine Kanzlei gekommen sei mit der festen Absicht, ihn damit zu betrauen, vor dem Landgericht Köln gegen seine, also des Mannes Eltern eine Klage des Inhaltes einzureichen, ihn geboren zu haben.

Rolf sagte, der Mann sei sich im klaren darüber gewesen, daß ein Anwalt das Ansinnen zunächst für abwegig halten würde, und habe deswegen vorsorglich betont, mit den entsprechenden Gesetzbüchern und der Fachliteratur vertraut zu sein, um noch im Hinsetzen einige Paragraphen und angeblich vergleichbare Schadensersatzverfahren speziell in den Vereinigten Staaten anzuführen. Es sei ihm nicht gelungen, sagte Rolf, den Mann, der sich tatsächlich erstaunlich detaillierte Kenntnisse des Zivilrechts angeeignet hätte, von der Absurdität und Aussichtslosigkeit einer derartigen Klage zu überzeugen, obwohl nicht einmal eine objektive körperliche Behinderung vorgelegen habe, die man womöglich unter Umständen der Fahrlässigkeit der Eltern hätte zuschreiben können, sondern bloß eine subjektive Verzweiflung allgemeiner Art, die man unmöglich zum Ausgangspunkt eines Verfahrens gegen seine Eltern nehmen konnte, so harlekinisch sie dem Mann – ein Spinner, ja, aber kein Scharlatan – ins Gesicht geschrieben gewesen sei.

Was immer er an Argumenten vorgebracht habe, lediglich zum Zugeständnis habe er den Mann bewegen können, ein Scheitern, ja das vorzeitige Abweisen seiner Klage zumindest in Erwägung zu ziehen. An dessen Absicht habe das jedoch nichts geändert, sagte Rolf, da der Mann selbst eine juristische Niederlage für besser befunden habe, als weiterhin untätig den Skandal mit anzusehen, daß täglich und überall Kinder geboren würden, deren unausweichliches Schicksal als Menschen das Unglück sei, nicht zu sprechen von den Millionen Fällen absehbarer körperlicher oder geistiger Behinderung oder schwerer sozialer Not – Hunger, Krieg, katastrophale Familienverhältnisse –, die zu verschulden wohl nur Pfaffen und Ignoranten nicht als Verbrechen begreifen könnten. Er wolle einen Präzedenzfall schaffen, habe der Mann behauptet, und selbst wenn er vor Gericht scheitere, würde er doch den einen oder den anderen Erwachsenen zum Nachdenken darüber bringen, ob sie sich tatsächlich an dem Wahnsinn unsinnigen Gebärens und sinnlosen Sterbens beteiligen wollten; hielte er nur ein einziges potentielles Elternpaar davon ab, ein Kind mit dem Leben zu strafen, hätte sich die Klage gelohnt, schließlich lehrten das Alte Testament ebenso wie übrigens der Koran, daß, wer ein Menschenleben rette, damit die ganze Menschheit rette, und wer einen Menschen töte, die ganze Menschheit töte – so sei er belehrt worden von dem Mann, der sich zu allem Überfluß als ausgesprochen fromm dargestellt habe, ohne daß Rolf zu sagen wußte, welcher Religion jener eigentlich angehörte. Er sei ihm nicht unsympathisch gewesen, meinte Rolf, lächerlich zwar und natürlich übergeschnappt, aber nicht fanatisch, weil ungeachtet des argumentativen Schwachsinns die echte Not, die den Mann in seine Kanzlei getrieben habe, unverkennbar gewesen sei, mochte er sich auch geweigert haben, über deren Gründe zu sprechen. Das brachte mich darauf, den Grund meiner Not in Erinnerung zu rufen, indem ich Rolf drohte, sein japanisches Beduinenschiff zu zerkratzen, wenn er mich nicht rechtzeitig ins Stadion brächte, worauf er mich fragte, ob ich nun völlig verrückt geworden sei.

Von der Demut

Mein langjähriger Freund Knut Dürkheim faßte am gestrigen zweiten Weihnachtstag einen Vorsatz, wie ich ihn schon etliche Jahreswechsel von solchen gehört habe, die unter tausend Qualen aus einer enttäuschten Liebe zu finden versuchen, er sagte, daß er für das neue Jahr vorhabe, sich auf keine Frau einzulassen. Tue ich diesen und ähnliche Sätze für gewöhnlich als eitel und flüchtig ab, so drückte er gestern eine Demut der Dankbarkeit aus, wie ich sie bei einem solch lüsternen Bären nicht erwarten würde und dennoch wiederholt, wenngleich weniger ausgeprägt und aus profaneren Gründen an ihm wahrgenommen habe, etwa nachdem er vor vier oder fünf Jahren in der schriftlichen Diplomprüfung beim Schummeln erwischt, doch von der Aufsichtsperson, einem schon älteren Assistenten, der Knuts herzensgute Faulheit kannte, nicht verraten worden war. Auch als der 1. FC Köln wieder in die Bundesliga aufstieg, beteuerte Knut mit beinah komischer Sentimentalität, dem dafür verantwortlichen Trainer selbst dann die Treue zu halten, wenn der Verein neuerlich absteigen müßte, eine Verpflichtung, von der Knut auch jetzt nicht zurücktritt, da die Lokalzeitungen, die den Trainer einst ebenso ergriffen gefeiert haben, nun seine Ablösung verlangen, um den Verein vor dem Abstieg zu bewahren, der sich bereits zur Winterpause abzeichnet. Schon das zweite oder dritte Glas von einem der sechs besten Whiskys, die unsere Kneipe auf einem silberumrahmten Podest links oben im Getränkeregal ausstellt, kann ihn dazu verleiten, seiner Minuten zuvor geäußerten Weltverachtung zu widersprechen, indem er das Leben für das Glück preist, das es auf vier Zentilitern bereithält.

Knut also neigt, obwohl es außer mir kaum jemand bemerkt haben dürften, generell dazu, auf Gnade mit Rührung zu reagieren, und schien doch in besonderer Weise ergriffen zu sein, als er keineswegs aus Enttäuschung behauptete, sich im neuen Jahr nicht verlieben zu wollen, sondern aus der Demut, die mir an ihm vertraut war und in diesem Falle von einem Biß herrührte, der Knut in einen schon religiös zu nennenden Taumel versetzt haben mußte. Eine diplomierte Krankengymnastin und Masseurin aus Sülz, von der er früher schon einmal erzählt hatte, weil ihre esoterisch anmutenden, aber, wie er mit unangebrachter Jovialität betonte, absolut koscheren Techniken gewiß auch bei mir, der ich seit Jahren am Rücken leide, Wunder wirken würden, hatte im Verlauf der mehrmonatigen Behandlung mit ihm Bekanntschaft geschlossen, bis sie sich auch abends trafen und er schließlich im vergangenen November erstmals jene Intimität mit ihr teilen durfte, von der zu phantasieren er sich während der wöchentlichen, von der Krankenkasse zwar nicht erstatteten, doch vom Orthopäden empfohlenen Sitzungen nicht hatte verkneifen können.

Ich glaube, ich tue meinem Freund Knut nicht unrecht, ja, er selbst würde es gar nicht abstreiten, wenn ich die Ansicht verträte, daß er nach den ersten zwei, drei Mal die Sitzungen allein in der Hoffnung besucht und bezahlt hat, sich von ihren Händen auch außerhalb der Sülzer Praxis und unterhalb des Rückens berühren zu lassen. Daß die Hoffnung sich erfüllte, behagt mir ehrlich gesagt nicht, kommt es mir doch so plump vor wie alles am Leben, wenngleich ich nicht den Bodensatz von Neid leugnen will, der in meiner Abwehr enthalten sein könnte, aber das auszuführen brächte mich von Knuts Demut ab, die ihren Anlaß keineswegs in der sexuellen Eroberung als solcher hat, sondern in einem Moment, den er beim Whisky aus dem Regal links oben in die Gegenwart rief, nicht ohne der darin enthaltenen vier Zentiliter Glück wenigstens beiläufig zu gedenken. Der Anlaß war ein Augenblick höchster Lust, dessen Umstände zu schildern nur soweit vonnöten ist, als man sich Knut vollkommen passiv und mit geschlossenen Augen vorstellen muß; nach Knuts Worten wurde er dadurch perfekt oder, so würde ich es selbst formulieren, in Hegels dreifachem Sinne aufgehoben – beendet, bewahrt und gesteigert –, daß die Physiotherapeutin ihn plötzlich, aus heiterstem Himmel, in den rechten großen Zeh gebissen und ihn so in eine Realität gerissen habe, die anders gewesen sei als alle Realitäten, die über ihn hereingebrochen waren, wann immer die sinnlichen Sensationen ihn aus dem Irdischen geschleudert hatten. Er sei also auch hier erwacht, mehr noch: er habe aufgeschrien, die Augen aufgerissen und sich eine Viertelsekunde lang aufzurichten versucht, aber zum ersten Mal habe er sich in einem Zustand wiedergefunden, der nach Knuts Worten absolut genial war und den ich selbst poetischer als ein Paradies auf Erden umschreiben möchte. Was Knut sagen wollte beziehungsweise was ich zu erklären versuche, ist kompliziert, ich weiß, aber doch unbedingt zu verstehen: daß er aufgewacht sei und sich die Lust gleichzeitig fortgesetzt habe, insofern die Sülzer Krankengymnastin und Masseurin, deren Techniken man sich hier kaum mehr als koscher vorstellen darf, sich selbst durch den Biß nicht hat unterbrechen lassen, sondern gewissermaßen, bildhaft gesprochen, nur einmal einen Eimer kaltes Wasser auf den Berauschten geschüttet und damit, wenn ich Knut richtig verstanden habe, dafür gesorgt hat, das sinnliche Erleben mit Bewußtsein nicht nur von der Schönheit des Fühlens, sondern auch von den begleitenden Banalitäten zu erweitern, ohne es zu dadurch zu vernichten – von der hellblauen Tapete ihres Dellbrücker Zweizimmerappartements über seinen blondbehaarten Bärenbauch bis hin zum Pino Grigio aus dem Stüssgen, vom anfänglichen Rat des Orthopäden über die Sülzer Praxis für Physiotherapie bis zum durchschlagenden Erfolg des plumpen Vorhabens, auf das er bereits nach der zweiten oder dritten Sitzung verfallen sein mußte; alles, alles fiel Knut ein, doch nichts hörte auf. Als er gestern beinah feierlich erklärte, sich im neuen Jahr auf keine Frau einlassen zu wollen, tat er dies nicht, weil er eine Steigerung des Genusses, den ihm der Biß der Physiotherapeutin beschert hatte, für unmöglich hielte, nein, er tat es ohne Zweifel aufgrund derselben

Demut, die ihn nach der Diplomprüfung oder dem Wiederaufstieg des 1. FC Köln überkommen hatte, mag er selbst es nicht so nennen, sondern nur allgemein davon sprechen, daß man so etwas mal stehenlassen muß für eine Weile, und wörtlich sagen, daß der Biß absolut genial gewesen sei, der Biß oder, um genauer als Knut zu sein, der dadurch ausgelöste Bewußtseinsstoß, von dem ich wahrscheinlich mit mehr als nur einem Bodensatz Neid erzählt habe.

Von der Offenbarung

Nach Auskunft meines Freundes Martin, der als Lektor bei einem Kölner Kunstverlag arbeitet, hat sich die Idee, auf Tee, Backgammon und Wasserpfeifen umzusatteln, seinem ehemaligen Vorgesetzten und stellvertretenden Geschäftsführer Albert Weinrich offenbart, als dieser Verhandlungen mit einem potentiellen Lizenznehmer für die arabische Welt, die er der Gewohnheit nach im eigenen Haus geführt hätte, zum Anlaß nahm, um für eine Woche die Stadt Kairo zu besuchen, die Martin ebenso wie mir vertraut ist. Noch in der Nacht seiner Ankunft sei Weinrich vom Hilton aus, das sich in abgetragenem Weiß zwischen Nil und Tahrir-Platz erhebt, zu einer ersten Erkundung aufgebrochen, die ihn am Ende der Talaat Harb ausgerechnet zum Café *asch-Schams* führte, in dem Martin und ich früher oft gesessen hatten. Die vielfarbigen Glühbirnen der »Sonne«, wie *Schams* übersetzt heißt, erleuchten eine Passage zwischen zwei sechsstöckigen Kolonialbauten, die den Taufiqiyya Markt und die Straße des 26. Juli verbindet, ohne von außen einsehbar zu sein. Zum schwarzen Tee mit frischer Pfefferminze rauchte Weinrich seine erste Wasserpfeife und schaute wahrscheinlich auf das Leben, wie es sich um die Zeit, gegen ein, zwei Uhr nachts, gleich der Ebbe langsam zurückzuziehen pflegt. Im Ohr müssen ihn die freundlichsten Geräusche Arabiens verwöhnt haben, das Blubbern der Pfeifen, der Singsang des Patrons, der inmitten seiner Kundschaft stehend den übrigen Kellnern, dem Teekocher, dem Kohlenmann und dem Bereiter der Wasserpfeifen, die Anweisungen zuruft, nicht zu vergessen die Würfel und Karten der Spieler, die das friedvolle Plaudern gelegentlich durch einen Aufschrei des Jubels oder der Wut beleben, um sich lachend oder schnaufend wieder ins Orchester der Klänge einzufügen. Und bestimmt hörte er die scheppernsten Streichorchester des Mittelmeeres, welche die großen Stimmen der klassischen arabischen Musik untermalen, die Stimme von Omm Kolthum oder Abdelhalim Hafiz, deren Tremolo sich erst im überforderten Lautsprecher des Transistorradios zur betörenden Weltklage entfaltet. Ich denke mir das so, weil ich selbst früher zum Ende beinah aller Tage ein, zwei Stunden im *Schams* verbrachte, bevor ich zeitgleich mit den Katzen und Kellnern zu meiner Wohnung am nahen Opernplatz stolperte, von der Pfeife leicht benebelt und in froher Erwartung, daß die »Sonne« auch morgen nacht wieder für mich aufgehen werde, ich denke es mir so angenehm, weil ich mir anders nicht erklären kann, warum Weinrich nach seiner Rückkehr verkündete, das Verlagsgeschäft zu verlassen, um sein gesamtes Vermögen mitsamt den Ersparnissen seiner begüterten Frau und acht, neun oder vielleicht elf weiterer Freunde, Kollegen und Verwandten, die er mit seinem Enthusiasmus ansteckte, für den Aufbau der Teehauskette *Ex oriente lux* zu verwenden, die trotz ihrer fast gleichzeitig eröffneten Filialen in sieben deutschen Städten kaum jemandem erinnerlich sein dürfte, weil das Unternehmen binnen Jahresfrist Konkurs anmelden mußte.

In Köln zum Beispiel waren Martin und ich außer ein paar Arabern und Studenten der Orientalistik fast die einzigen Kunden, die das Angebot des *Ex,* wie wir das Teehaus nannten, zu schätzen wußten, den Tee mit frischer Minze, die Bretter fürs Backgammon und natürlich am meisten die Wasserpfeifen, für deren Zubereitung Weinrich eigens einen Ägypter eingeflogen hatte, ein Unterfangen, das abgesehen von den Kosten mit einem unverhältnismäßigen bürokratischen Aufwand verbunden war, da es Weinrich trotz guter Beziehungen zur deutschen Botschaft in Kairo nicht gelang, den kairinischen Pfeifenbereitern eine reguläre Aufenthaltsberechtigung zu besorgen, so daß sie lediglich mit einem dreimonatigen Visum einreisten. Das hatte zur Folge, daß Weinrich in den acht oder neun Monaten, in denen er den Betrieb seines *Ex oriente lux*

aufrechterhielt, zweimal die gesamte ägyptische Belegschaft seiner
sieben Filialen austauschen mußte, jedesmal immerhin sieben Pfei-
fenbereiter, die eingeflogen, einquartiert und in arabischer Sprache,
die Weinrich nicht beherrschte, mit den deutschen Gegebenheiten
vertraut gemacht wurden. Daß sie überhaupt in Deutschland arbeiten durften, ist angesichts der restriktiven Bestimmungen erstaunlich und bezeugt den missionarischen Eifer, wenn nicht Fanatismus
Weinrichs, dem es nach langer Korrespondenz und Gesprächen sowohl im Auswärtigen Amt wie in der Deutschen Botschaft in Kairo gelang, die Ägypter als Künstler zu deklarieren, indem er sie pro
forma dafür anstellte, in seinen Teehäusern die folkloristischen Tra-
ditionen ihres Landes vorzustellen. Durch Vermittlung eines Freundes beim Westdeutschen Rundfunk haben einige von Weinrichs
Ägyptern tatsächlich einmal an einer deutschen Volksmusiksen-
dung im Fernsehen mitgewirkt, wo sie während des Auftritts einer
Bauchtänzerin im Hintergrund ein original orientalisches Teehaus
nachstellten, dessen Dekor teilweise aus dem Kölner Stammhaus
des *Ex oriente lux* stammte.

Die Einrichtung seiner Teehäuser oder zumindest der Kölner Fi-
liale – die übrigen sechs kannte ich nicht, dürften jedoch nach Einschätzung Martins die nämliche Hingabe bezeugt haben – war aber
auch wirklich fernsehreif, keineswegs, wie man es sich vorstellen
würde, aus *Tausendundeiner Nacht,* sondern den realen Teehäusern
Kairos so radikal verpflichtet, daß der Malermeister, ein ausgewie-
sener Restaurateur aus Hürth, den Weinrich zur Ortsansicht eigens
nach Kairo fliegen ließ, Tage damit verbrachte, den Putz der Wände
zu streichen und wieder abzublättern, damit sie so kunterbunt schä-
big wie im Schams aussahen. Außer den Utensilien – den Wasserpfeifen und deren Zubehör, dem vollständigen Geschirr, den Spiel-
karten, den Brettern fürs Backgammon und was sonst nicht alles in
einem Teehaus gebraucht wird – hatte Weinrich auch das Mobiliar,
den Wandschmuck aus Familienfotos, Kalligraphiedrucken und Al-
penpanorama und sogar die Bodenkacheln gebraucht aus Kairo besorgt. So weit ging Weinrichs Streben nach Ursprünglichkeit, daß

er sich nicht bloß mit einer ausgesucht minderwertigen Musikanlage begnügte, sondern die Kassetten, wie Martin mir enthüllte, vor dem Abspielen mehrfach hin- und herkopierte, damit die alten arabischen Sänger und Sängerinnen genauso krächzend wehklagten und die Orchester ebenso ungeniert schepperten wie in den Teehäusern Kairos. Er war besessen, ein anderes Attribut fällt mir nicht ein für die Begeisterung, ach was: die Manie, mit der Weinrich die Idee des Teehauses in seiner reinen Hybridität nach Deutschland – und von dort bestimmt, hätte er nur genügend Kunden gefunden, in alle Welt – tragen wollte, die Idee der Zeit, die sich im Blubbern der Wasserpfeife auflöst, und der Gelassenheit, die aus der Zeitlosigkeit erwächst, die Idee der Ernsthaftigkeit, mit welcher der Patron und seine Angestellten zu Werke gehen, ebenso wie diejenige des kindischen Spaßes, dem sich die Kunden überlassen, die Idee auch der Aneignung von allem Unpassenden und jener Gastfreundschaft, die dem Fremden zur Begrüßung einen Tee ausgibt, ohne sich mit ihm unterhalten zu wollen. Ja, nicht weniger als eine Weltanschauung war es, was sich ihm in der »Sonne« Kairos offenbart hatte, in der höhlenartigen Passage zwischen zwei verrottenden Kolonialbauten – das schreibe ich nicht nur als gelegentlicher Zeuge seines Tuns, sondern ausdrücklich so, wie Martin, der ihm viel näherstand, ohne zum Kreis seiner enthusiasmierten Freunde und Mitarbeiter zu gehören, es mir schilderte.

Weinrich hatte Martin auch in den Verlauf der Eingebung eingeweiht, wegen derer er sein bisheriges Leben aufgeben mußte, um die Institution des Teehauses außerhalb Arabiens zu etablieren: Wenn nach dreißig oder sechzig Sekunden die Glut den Tabak so durchzogen hat, daß der Rauch, den man bis dahin mehr ausgehustet denn ausgeatmet hat, plötzlich aus freien Stücken vom Wasser über den Mund in den Himmel drängt, darf man nach Weinrichs Erfahrung auf den Augenblick warten, da sich der Rauch plötzlich, wie in einem Schwall, statt bloß in das Sternenzelt im eigenen Kopf ausbreitet und einen nach oben trägt, also wirklich erhebt, beinah physisch vom Boden entfernt. Merkwürdigerweise erlebe man diese

Erhebung so, daß der Rauch unterhalb der Schädeldecke einströmt und von dort aus, von oben herabkommt, wie Offenbarungen eben in der Geometrik aller nahöstlichen Religionen herabzukommen pflegen, bis die Wasserkraft des Tabaks den gesamten Schädel ausfüllt oder, um genau wie die Araber zu sein: durchtränkt, denn nicht zufällig sprechen sie oasengeprägt vom Trinken der Pfeifen statt mittelgebirgisch vom Rauchen. Es sei genau in diesem Augenblick, da der vom Wasser unvergleichlich milde gestimmte Tabak den gesamten Schädel bewässert hat, daß das Gehirn aufblüht wie eine Knospe und man plötzlich das Gefühl bekommen kann (nicht immer werde es einem zuteil), wie zu einer Fahrt in den Himmel nach oben getragen zu werden, als ob der Rauch nicht nur an der Luft nach oben steige, sondern auch im eigenen Schädel. Für ein paar Sekunden halte sich diese Empfindung, bevor sie sich gleich den Rauchblasen in der Luft auflöse, allerdings nicht, um gänzlich zu verschwinden, sondern um einen auf niedriger Höhe in der angenehmsten Schwebe zu halten. Von da an vollziehe sich alles langsam: Ganz langsam, wie auf einem Luftkissen getragen, steige man wieder in die Höhe. So gehe das also, resümierte Martin die Einsichten Weinrichs, wenn einem zum Ende eines beliebig schlechten Tages die Gnade der Versöhnung zuteil wird: von oben nach unten nach oben, zwei, drei Wasserpfeifen lang, bis man weiß, daß man das Maximum, knapp unterhalb der ersten Höhe, erreicht hat, das Bleiben im Vergehen, und nach Hause oder ins Hotel torkelt, trunken leicht und leicht benebelt, aber im festen Wissen gründend, nach Möglichkeit morgen oder spätestens nächste Woche oder sei es erst im nächsten Jahr, jedenfalls noch in diesem Leben zurückzukehren unter das Sternenzelt, das sich zwischen Aswan, Aschchabad und Aden spannt, gleich wie schlecht die Tage sein wollen.

Martin würde es despektierlich finden, aber mir scheint das Trinken der Wasserpfeife mit dem Trinken eines guten Whiskys vergleichbar zu sein, der sich in einem ähnlich wundersamen Schwall im Körper ausbreiten soll, wie ich immer wieder gehört habe, nur daß er nicht nach oben, sondern nach unten drängt, in den Hals, in den Brustkorb, bis in den Bauch, ja bis an die Pofalte. Vielleicht ist der Vergleich falsch, ich weiß es nicht, ich kann nur anders als durch Vergleiche es mir nicht verständlich machen, ist doch für mich selbst der Whisky ein allzu kräftiger Trunk und die Wasserpfeife eine Wasserpfeife und kein Aufzug; so gern ich sie in Kairo oder im *Ex oriente lux* geraucht habe – Weinrich hatte natürlich den besten Tabak und die sorgfältigst bereiteten Wasserpfeifen –, so ist doch das Höchste meiner Gefühle und das einzige, was ich mit Weinrich teile, daß ich anschließend ein bißchen benebelt bin. Das ist nicht viel, aber genug, um festhalten zu müssen, daß jemand die Sonne nachts aufgehen lassen und das Sternenzelt über die ganze Erde ausbreiten wollte wie Weinrich, von dem auch Martin nicht weiß, wohin er verschwand, als das Licht seines Ostens verlöschte.

Von der Einheit

Für Karl Schlamminger

Vom Münchner Theologen Kurt Tollkühn erfuhr ich, daß sein Freund und Schulkamerad, der Mathematiker Friedrich Mutz, der sich bereits mit einer Dissertation zum Algorithmus über seinen Studienort Passau hinaus einen Namen gemacht, später an den Universitäten Zürich und Princeton gelehrt und sich noch einige Jahre nach seiner Emeritierung in der amerikanischen Kulturzeitschrift *Granta* sowie im Wissenschaftsteil der *Frankfurter Allgemeinen Zeitung* wiederholt zu allgemeinen Fragen der Informatik geäußert hat, seit langem schon zu belegen versucht, daß die Zahl Eins keineswegs die Konstante sei, als die sie im abendländischen wie morgenländischen Denken gilt, und nicht eins bleibe, wenn sie mit sich selbst multipliziert oder durch sich selbst dividiert werde, was abwegig erscheint, aber eine gewisse Plausibilität haben muß, da Mutz, freilich ohne bereits den Beweis vorgelegt zu haben, so überzeugende Gründe angeführt habe, daß sogar einzelne seiner Kollegen und ehemaligen Schüler, also ausgebildete und zum Teil weltweit renommierte Mathematiker, die Behauptung, daß eins mal und durch eins nicht eins sei, nicht mehr rundherum bestreiten würden, wie der prinzipiell nüchterne Tollkühn mit einer gewissen Erregung versicherte und dabei zu verstehen gab, daß er selbst längst bereit sei, dem Freund, dessen gewissenhafte Klugheit er seit Jugendjahren bewundere, zu glauben und allenfalls noch zweifle, ob diesem die Beweisführung tatsächlich gelingen werde, ein Zweifel, den er freilich mit Mutz teile, der jedoch weder den Mathematiker noch den Theologen daran hindere, die Behauptung selbst für wahr zu halten – der eine, weil er den noch ausstehenden Teil der Beweisführung übersehe, der andere, weil ihn die Logik des Arguments überzeuge, er sich des Verstandes wie der Integrität des Beweisführenden sicher sei und zudem als Theologe, wie er mir sagte, den Zweifel richtig als unverzichtbaren Aspekt des Glaubens einzuschätzen vermöge, mit dem die Mathematik mehr zu tun habe, als man gemeinhin annehme, wenigstens die Mathematik in den Sphären seines Freundes Mutz, schließlich könnten nicht einmal mehr die Beteiligten selbst die Zahlenreihen unmittelbar überprüfen, mit denen sie wie selbstverständlich umgingen, nein, Mutz und seine Kollegen müßten die Berechnungen hinnehmen oder sich auf den Computer verlassen, den ihre Generation aus dem Geiste der Mathematik geboren und der wiederum die Mathematik neu geschaffen habe, doch genau hier, an der Schwelle zur Informatik, setzen Mutz' Berechnungen an, wenn ich Kurt Tollkühn richtig verstanden habe, hier habe die Mathematik über die Jahrzehnte hinweg das Organische ihres Wesens eingebüßt, das zufällig Scheinende und vielleicht fürwahr Zufällige, jedenfalls Unvorhersehbare, das dezidiert Unberechenbare, das Mutz sogar im innersten und stabilsten Kern des mathematischen Kosmos im Bewußtsein nachweisen will, daß ein solcher Nachweis den gesamten Kosmos oder eigentlich unsere Vorstellung des Kosmos erschüttern würde, denn der Kosmos bliebe natürlich, wie er sei, festgefügt und zugleich fließend, nur unsere Vorstellung würde endlich zu leben beginnen, wenn sie das Werden und Vergehen in sich aufnähme, statt es als das schlechthin Unbegreifliche so schrecklich zu fürchten, daß es einem den Atem nehme und man sich folglich fürchte, weil man nicht atmet, und zugleich nicht atmete aus Furcht, ein Circulus virtuosos, dem nach Mutz' Ansicht nur zu entkommen wäre, indem man das absolut Unberechenbare begreife, das schlechthin Unbegreifliche berechne, wofür es ausreichen würde, bloß die Zahl Eins, das denkbar Einfachste zu verstehen, zu beweisen, daß sie wie einen Keim zugleich die unendliche Vielheit ebenso wie das Nichts in sich berge, wie Mutz beweisen zu können hofft, indem er die Zahl

Eins unendlich oft mit und durch sich selbst multipliziert beziehungsweise dividiert, bis sie nachweisbar nicht mehr mit sich identisch ist, sich vermehrt und endlich ins Unendliche sich steigert im Falle der Multiplikation, sich verringert und endlich bis auf einen nicht mehr nachweisbaren Rest oder womöglich vollständig verschwindet im Falle der Division, eine Rechnung, die sich natürlich weder dem gesunden Menschen- noch dem mathematischen Sachverstand ohne weiteres erschließt, für die Mutz jedoch eine Parallele aus der Geometrie anführt, um für einen Laien wie Tollkühn das Paradox zu bezeichnen, dem sich der Verstand öffnen müsse und in Bezug auf die Geometrie und die Wissenschaft der Natur ja bereits mit Beginn des wissenschaftlichen Denkens geöffnet habe, nämlich die Parallele selbst, die in der Unendlichkeit bis hin zur Gegensätzlichkeit auseinanderstrebe und mithin veranschauliche, wie das grundsätzlich Gleiche jenseits der Zeit zum absolut Verschiedenen konvergiere, ebenso wie umgekehrt das grundsätzlich Seiende, für das die Zahl Eins stehe, sich durch nichts anderes als durch sich selbst in Nichts auflöse, wogegen es eine Milchmädchenrechnung sei, eins durch null zu dividieren, verweigere man doch damit der Eins von vorneherein die Existenz, um am Ende mit ihrem Nichtsein triumphieren zu können, kommentierte Tollkühn, ein billiger Triumph des Nichts über das Seiende, Gottes über den Menschen, wenngleich hierfür die Parallele kein Bild abgebe, strebe sie doch auseinander, doch führe es, so schloß Tollkühn offenbar aus eigener Reflexion, ohne also diese Idee von Mutz übernommen zu haben, doch führe es durchaus nicht in die Irre, die Division der Eins durch die Eins mit dem Leben zu vergleichen, in dem von selbst und durch sich selbst vergehe, was einmal als seiend gesetzt worden sei, ein Bild natürlich nur, wie Tollkühn betonte, die bescheidene Illustrierung eines Theologen, der versuche, sich das definitiv Abstrakte einer mathematischen Rechnung vorzustellen, und gleichzeitig wisse, daß er das Wesen der Rechnung verfehlte, schon indem er sich ein Bild machte, doch komme schließlich nicht einmal Mutz ohne Bilder aus, mag er sie auch der Geometrie entnehmen und eine gewisse Abstraktion bewahren, aber am Ende – am Ende müsse auch er die reinen Zahlen in eine Form übersetzen, und zwar nicht bloß, um anderen verständlich machen zu können, sondern auch um selbst zu verstehen, daß ein mal eins mehr und eins durch eins weniger als eins sei. Genau darin liege ja Mutz' ganzes Problem, erklärte mir Tollkühn: Er, Mutz, bewege sich in Sphären, die zu berechnen nur noch dem Computer möglich sei, beschäftige sich aber mit einem Phänomen, das der Maschine qua Mechanik verschlossen bleibe und theoretisch nur vom menschlichen Geist erfaßt werden könne, dem Geist gerade in seiner Relativität, seiner Veränderlichkeit, seiner Unzulänglichkeit, die allein es theoretisch ermöglichten, das Widersinnige zu verstehen, darin eben bestehe die unauflöslich scheinende und dennoch lösbar sein müssende Schwierigkeit, daß Mutz seine Rechnungen nicht der Rechenmaschine anvertrauen könne, da diese nicht imstande sei, das absolut Paradoxe einzubeziehen, sondern selbst rechnen müsse, um auf das wirkliche Resultat zu stoßen, doch gingen die Dimensionen dieser Rechnung und allein schon die schiere Länge der Zahlenreihen über die Kapazitäten just des Geistes hinaus, der qua Vergänglichkeit doch einzig in der Lage wäre, die Rechnung anzustellen, und trotzdem, behauptete Kurt Tollkühn mit plötzlich leiser Stimme, trotz aller Hindernisse nähere sich sein Freund Friedrich Mutz allmählich dem vorausgesagten Ergebnis und sei schon weit in die Sphäre des eigentlich Unzulänglichen vorgedrungen, so daß er, um die Papierrollen auszubreiten, die seine Rechnung verschlinge, schon eigens die Züricher Wohnung aufgeben und in ein Einfamilienhaus außerhalb der Stadt gezogen sei, wo er nun mit Hilfe einiger Anhänger bis in beinah jede Nacht arbeite, unter ihnen einzelne seiner früheren Schüler, eine Schar junger Mathematiker der Universität Zürich sowie ein eigens angestellter Archivar, der die Ordnung der Rollen beaufsichtige, die sich inzwischen über die vier Stockwerke der Villa schlängelten, die vormals einem verarmten Industriespiralenhersteller gehört habe und Mutz und seinen Helfern die Abgeschiedenheit beschere, die sie für den Nachweis benötigten, daß die Zahl Eins zugleich die Unendlichkeit und das Nichts enthalte, was ihnen noch nicht geglückt, doch immerhin, wie eingangs erwähnt, so weit fortgeschritten sei, daß sogar skeptisch gestimmte Kollegen von Mutz, nachdem sie ihn besucht und die noch hypothetischen Rechnungen eingesehen hätten, die Wahrheit seiner Behauptung nicht mehr rundherum bestritten, mögen die meisten auch weiterhin ausschließen, daß ihm der Nachweis je gelinge.

Von der Freiheit

Des Menschen größte Freiheit, so verstand ich die Worte Paulus', sei dem Schriftsteller vorbehalten, wenn er nach mühseligen Stunden der Arbeit am Abend seine Tochter zum Salat ausführt und plötzlich so erfreut ist über alle momentanen Umstände des Lebens – die Luft, die sich letztmalig im Jahr erwärmt hat, die Tochter, die ob des späten Ausgehens beglückt in ihrem Malbuch kritzelt, das Essen und den Wein, die nur wenige Meter von zu Hause auf denkbar angenehmste Weise serviert werden, die Familie, die Gesundheit, die jüngsten Erfolge, die Blickwechsel mit der jungen Mutter am Nebentisch und was nicht alles mehr –, daß er das Behagen vor dem Gedanken an die Erzählung schützen möchte, der er nicht mehr als ein paar Sätze abgerungen hat, und sich plötzlich bewußt wird: Er kann es ja, er kann alles, er kann das dürftige Tagwerk nicht nur wegwerfen oder fürs erste beiseite schieben oder für etwas anderes gebrauchen, zu etwas Neuem formen wie ein Maler die Farben, der Bäcker den Teig oder wie Gott den Lehm, sondern eine Erzählung darüber schreiben, wie er gegen Abend seine Tochter zum Salat ausführt und plötzlich so erfreut ist über alle momentanen Umstände des Lebens – die Luft, die sich letztmalig im Jahr erwärmt hat, die Tochter, die ob des späten Ausgehens beglückt in ihrem Malbuch kritzelt, das Essen und den Wein, die nur wenige Meter von zu Hause auf denkbar angenehmste Weise serviert werden, die Familie, die Gesundheit, die jüngsten Erfolge, die Blickwechsel mit der jungen Mutter am Nebentisch und was nicht alles mehr –, daß er das Behagen vor dem Gedanken an die Erzählung schützen möchte, der er nicht mehr als ein paar Sätze abgerungen hat.

Von der Weisheit

Wenn nichts mehr geht in Gerhards Leben, wenn die Finger zu keinem Brief, die Augen zu keiner Akte, der Mund zu keinem Telefonat, die Füße zu keinem Schreibtisch zu bewegen sind, auch Freunde, Kriminalromane, Joggen, Fernsehen, PlayStation, Kochen, Einkaufen, E-Mails, Surfen, Chatten, Kino, Aus- oder Spaziergehen, bei lauter Musik ins Blaue fahren mit dem neuen Saab, Aufräumen, Urlaubsplanung, Saunieren mitsamt Claudias ayurvedischer Massage oder Baden im Schaum von Christian Dior noch bei 41 Grad keine Linderung versprechen, Krankwerden oder Migräne zwar möglich, aber aus dem einfachen Grunde keine Rettung wären, daß nichts ihn retten könnte aus der unsagbaren und also auch hier nicht zu bestimmenden Not, die sich mit jedem Atemzug weiter ausbreitet, obwohl sie längst alle Gedanken und Gedärme füllt, wenn also die Stunde gekommen ist, in der bei vernünftiger Betrachtung, die einberechnet, daß niemand außer Friedrich ihn vermissen würde, nichts anderes zu tun bleibt, als den Schlußstrich zu ziehen, fällt er eine Entscheidung, die Friedrich unvergleichlich weise nennt, weil sie sich unter Bedingungen, die jede Linderung ausschließen, darauf stützt, daß sich alle Bedingungen dennoch ändern, weil sich immer alles ändert, und sei es aus dem banalen Grund, daß man sich an das Bestehende gewöhnt und schon die Gewöhnung eine Linderung darstellt, für die es zuvor keinen Anhaltspunkt gegeben hat. Die Weisheit, um es genau zu fassen, besteht darin, bei einer so definitiven Angelegenheit wie dem eigenen Tod die Indefinitheit des Menschen zu berücksichtigen: Gerhard entscheidet sich nämlich, statt seines Lebens vorerst seine Zeit zu verschleudern, so knapp sie ihm doch in beinah allen Minuten seines letzten Jahrzehnts gewesen ist, er verzichtet auf sie, nein, gibt sie ungenutzt weg, gibt sie zurück wie ein kostbares, in jeder anderen Situation auch ihn beglückendes, aber augenblicklich mehr als nur unnützes, nämlich ärgerliches, quälendes Geschenk und legt sich um acht, manchmal schon um sechs oder sogar um fünf, wenn nicht nachmittags um drei oder zwei Uhr schlafen. Und tatsächlich, so weiß Friedrich zu berichten, tatsächlich ist es nach dem Aufstehen zwar nicht besser, aber aller Erfahrung nach doch nicht mehr so schlecht, daß Gerhard es nicht bis zur nächsten, und sei es: künstlich herbeigeschafften Bettruhe schaffte. Indem er sich so nur darauf beschränkt, gegen alle objektiven Umstände bis zur einzig noch verbleibenden Ablenkung: dem Schlaf durchzuhalten, übersteht er die Zeit, bis nach zwei oder fünf oder manchmal auch vierzehn Tagen andere Ablenkungen wieder zu wirken beginnen, das Schaumbad, der Saab, die Sitzung, so daß das schlechthin Unerwartete geschieht, auf das gerechnet zu haben Friedrich so unvergleichlich weise findet: Es geht wieder, es geht nicht gut, aber auch nicht mehr so, daß gar nichts mehr geht in Gerhards Leben.

Von der Zärtlichkeit

Ein iranischer Bekannter, den ich in seinem Kiosk in der Hamburger Straße oft beim Studium sufischer Literatur antreffe, behauptete gestern, als ich *Die Zeit* wegen eines Artikels kaufen wollte, der dann doch nicht gedruckt worden war, Jesus gesehen oder eigentlich nicht gesehen, vielmehr gewußt zu haben, daß Jesus sich in unmittelbarer Nähe aufhielt, in ein und derselben Halle eines ehemaligen Fabrikgebäudes, die nach Angaben meines Bekannten von stützenden Säulen durchzogen gewesen sei. Mein Bekannter kam darauf, mir von der Begegnung zu erzählen, die genaugenommen ... ja, wie soll man es nennen, wenn zwei Menschen sich nicht begegnen, aber wissen, daß sie sich in unmittelbarer Nähe voneinander aufhalten, falls man überhaupt von zwei Menschen sprechen, Jesus also die göttliche Natur absprechen möchte, wie es sich für die Muslime im allgemeinen, aber eben nicht für meinen Bekannten von selbst versteht, jedenfalls nicht seit der Begegnung, die genaugenommen keine Begegnung und dennoch nach Angaben meines Bekannten so real war wie *Die Zeit,* die ich schon zusammengefaltet in der Hand hielt, als er mir von der Anwesenheit Jesu in der Säulenhalle erzählte, auf die er zu sprechen kam, weil er in der Nacht zuvor meinen älteren Cousin Chosrou in einer philosophischen Talkshow hatte von Gott reden hören und den Auftritt eines Verwandten schon aus der zarten Höflichkeit seines Wesens anerkennend erwähnt haben wollte, bevor ich den Kiosk mit der, wie sich herausstellen sollte, vergeblich gekauften *Zeit* unterm Arm verließ. Von Gott war er auf Jesus Christus gekommen, ein kurzer Weg für einen Christen, ein etwas längerer Weg selbst für einen mystisch orientierten Muslimen wie meinen Bekannten, den Kioskbesitzer, mit dem ich trotz des gemeinsamen Interesses für den Sufismus an sonstigen Tagen fast ausschließlich über die politische Situation in Iran spreche, die er oft anders als ich beurteilt, nicht etwa über die persischen Dichtungen und Traktate, deren Buchrücken ich nicht immer entziffern kann, wenn ich den Kiosk betrete, weil ich eine andere als die abonnierten Zeitungen benötige oder meine Tochter mich zu ein paar Gummibärchen oder einem Eis am Stiel überredet hat. Viel wäre zu den Gummibärchen zu sagen und natürlich auch zu den Gründen dafür, daß *Die Zeit* anders als für meinen Cousin lange schon nicht mehr den Zeitungen angehört, die ich abonniert habe, aber alles Diesseitige verblaßt angesichts der Anwesenheit eines Propheten oder Gottessohns – wie gesagt, ist sich mein Bekannter nicht mehr so sicher –, dessen Atem ihn, einen stillen, gewissenhaften und trotz seines sufischen Interesses keineswegs schwärmerischen Zeitgenossen, zart gestreift und glücklich aus der Bahn geworfen hat.

Mein Bekannter, der in Teheran als Lehrer für Literatur gearbeitet hatte, bevor er wegen seiner Mitgliedschaft in der Minderheitsfraktion der sogenannten *Fedayin-e Chalq,* der linksorientierten »Volkskämpfer«, geflohen war, um über die Vereinigten Arabischen Emirate, London und Spanien nach Deutschland einzureisen, wo er seit achtzehn Jahren die Sehnsucht nach der Heimat unter anderem dadurch zum Ausdruck bringt, daß er seinen deutschen Wortschatz auf das Nötigste begrenzt oder sich gegenüber meiner Tochter, mit der ihn ein fast zärtliches Verhältnis verbindet, weiterhin als Lehrer persischer Sprache und Kultur versteht, mein Bekannter also ist schon deshalb überzeugt, Jesus Christus beinahe durch die Säulenhalle in Köln-Deutz schlendern gesehen zu haben, weil alle übrigen Anwesenden – wenn ich meinen Bekannten richtig verstanden habe, fand an dem Abend die Vernissage einer Ausstellung statt, zu der ihn sein Bruder aus der Lübecker Straße mitgenommen hatte – davon wußten, manche Jesus auch selbst erblickt, gar mit Ihm gesprochen haben wollten. Gut, die Halle muß spärlich beleuchtet gewesen sein, aber nach Angaben meines Bekannten ausreichend, um einen Propheten oder Gottessohn zu erkennen, und als mein Bekannter zusammen mit seinem Bruder in iranischer Gewohnheit viel zu spät zur Vernissage eintraf, die bereits beendet oder wegen der Anwesenheit Jesu Christi ausgefallen war, beherrschte der hohe Besuch bereits alle Gespräche, und zwar nicht als ein Gerücht, sondern als eine sei es überraschende, sei es unheimliche, aber doch feststehende und herrliche Tatsache.

Das Zeugnis meines Bekannten läßt sich natürlich leicht nachprüfen, und tatsächlich fand sich bereits in der *Stadtrevue,* die ich anschließend im Café eingesehen habe, die Darstellung meines Bekannten so weit bestätigt, daß gestern abend im Deutzer *Planet Büschel,* einer mir bis dato unbekannten Kunsthalle, tatsächlich die Ausstellung einer aus dem Baskenland stammenden, lange Jahre schon in Köln ansässigen Künstlerin eröffnet wurde, deren Namen ich nachreichen muß; obwohl gerade noch auf meinen Lippen, kann ich mich nur noch soweit an ihn erinnern, daß er auffallend kompliziert war und insgesamt drei Umlaute enthielt, was mich zu der Vermutung veranlaßt, daß mein Bekannter den Namen der Künstlerin schon deshalb vergessen hatte, weil er ihn nicht auszusprechen vermochte. Wie gesagt, die Darstellung meines Bekannten läßt sich leicht überprüfen, ich muß nur mit seinem Bruder und für den Fall, daß er die Darstellung bekräftigt, zur Sicherheit mit anderen Besuchern der Vernissage sprechen, die zu erreichen der auch mir bekannte Bekannte meines Bekannten, der in der Kunstszene viele Leute kennt, mir gewiß behilflich sein wird, wenn die Anwesenheit Jesu Christi im oder auf dem *Planet Büschel* nicht vorher schon an die Öffentlichkeit gerät, wie man es annehmen müßte, soll sich doch der Vorfall nicht hinter den Wänden einer exaltierten Kirchengemeinde, deren Schilderung man mit der religiösen Vorprägung der Teilnehmer beiseite wischen würde, sondern bei der Vernissage einer Kunstausstellung ereignet haben, die in den Lokalzeitungen und Programmheften angekündigt gewesen und gewiß von Journalisten und anderen Menschen mit Kontakten zu Redaktionen besucht worden ist.

Bemerkenswert und Grund für ein baldiges Gespräch mit meinem Cousin scheint mir gerade dies zu sein, daß weder mein Bekannter noch die Besucher einer Vernissage zeitgenössischer Kunst und schon gar nicht der kommunistisch gebliebene Bruder meines Bekannten im Verdacht dezidiert christlicher Religiosität stehen und dennoch die Gegenwart des Propheten oder Gottessohnes nicht nur beglaubigt, sondern sie für, gewiß ungewöhnlich, gewiß wunderhaft, aber doch zugleich für selbstverständlich gehalten haben sollen. Niemand wunderte sich über das Wunder, um es im Stile der bestimmt anwesenden Medienleute zu formulieren, die über die Begegnung mit Jesus Christus berichten werden, sollte sie denn tatsächlich stattgefunden haben. Zu dieser Beobachtung meines Bekannten fügt sich seine Aussage, daß keiner der Anwesenden Anstalten gemacht habe, sich an Ort und Stelle zum Christentum zu bekehren oder das Bekenntnis zu erneuern, so deutlich sie die Begegnung mit Jesus Christus oder auch nur die Nachricht davon in einen stillen Taumel versetzt habe, in einen Zustand überdeutlich empfundener Zartheit oder kindlicher Neujahrsfreude, wie es mein Bekannter beschrieb, der als Iraner den Zauber eines Festtages nicht mit Weihnachten, sondern mit dem persischen Neujahr verbindet, das diese Woche stattfand, nicht ohne daß er meine eisschleckende Tochter über die kulturellen Hintergründe des Tages belehrte. Ja, zärtlich sei alles gewesen, beinah wie schwebend, und alle Anwesenden, wie von einem unsichtbaren Band miteinander verbunden, hätten sich die Nachricht in ruhiger, tiefer Freude zugeflüstert, zugenickt, zugelächelt. Auch bei meinem Bekannten selbst ist zwar eine Gewißheit ins Wanken geraten, nämlich der Glaube an die Prophetie, der eine Absage an jedwede Gottessohnschaft einschließt, doch empfindet er die Begegnung mit Jesus Christus, die nur durch die Säulen der umgebauten Fabrikhalle verhindert wurde, als eine Bestätigung seiner eigenen Religiosität, die durch den Islam und namentlich durch den Sufismus geprägt ist, seit er im deutschen Exil von allen Bemühungen abgelassen hat, den Marxismus politisch zu verwirklichen, mag er ihn auch prinzipiell noch immer für richtig halten.

Von mir danach befragt, sagte er, er könne sich das Paradox, den eigenen Glauben gerade dadurch bekräftigt zu empfinden, daß er ins Wanken gebracht worden sei, selbst noch nicht hinreichend erklären, aber so sei das nun einmal, wenn man in die Nähe eines Propheten oder Gottessohnes komme, das sei ungewöhnlich und nicht bis ins Detail erklärlich, worin ich ihm schon aus jener zarten Höflichkeit nicht widersprechen wollte, die er mir mit der gleichen pädagogischen Absicht zum Vorbild gibt, mit der er seinem Auftrag als Lehrer persischer Kultur und Sprache auch gegenüber meiner Tochter nachkommt. Das wird mich jedoch nicht davon abhalten, seine Darstellung schon morgen nachzuprüfen und dafür als erstes diejenigen Zeitungen aus seinem Kiosk zu besorgen, die über die Vernissage berichten könnten, wenn freilich es mich nicht wundern würde, auch morgen wieder einen Artikel vergeblich zu suchen.

Von der Güte

Ich weiß nicht, warum, aber meine Freundin Julia erwähnte mehrfach, daß der Mann drei oder vier Minuten, nachdem er schon die drei Stockwerke hinabgestiegen sein mußte, eigens in seine Wohnung Unter Krahnenbäumen zurückkehrte, um sie zuzudecken, bevor er den Rest der Nacht durch die Kneipen im Eigelstein zog, wie mehrere Zeugen bestätigen. Die Versatzstücke aus meiner Küchenpsychologie, wonach er sich eingebildet haben könnte, aus Fürsorge zu handeln, wischte sie mit einem vielleicht ratlosen, vielleicht verächtlichen Kopfnicken aus dem Gespräch, das wir sieben Tage später an ihrem Bett führten, das sie immer noch hütete. Die perversen Liebkosungen des Peinigers möge ich im Fernsehfilm auf Sat1 finden, setzte sie hinzu, bei ihr habe es sich ganz anders abgespielt, nüchtern und kalt wie auf dem Operationstisch, geradezu geschäftsmäßig aus seiner Sicht: Bewußtsein der körperlichen Überlegenheit, dazu das Überraschungsmoment, schon war sie mit der ersten Handschelle am eisernen Bettrahmen gefesselt; auf ihre Brust gesetzt, Tuch in den Mund, das Knie auf ihren rechten Oberarm, schon ratterte die zweite Handschelle, je zweimal also rrratsch: an ihrer Hand und dann sofort am Bettrahmen, einem schwarzen Himmelbett, das ihr ähnlich einmal bei Ikea aufgefallen war.

Alles, was der Mann getan habe, sei wie dieses helle Rattern gewesen, und Julia sprach von Entmenschlichung, sie sagte nicht: unmenschlich, sondern entmenschlicht, sie sei sich vorgekommen wie unter eine Maschine geraten. Die Füße habe er mit Schnüren befestigt, das habe etwas länger gedauert, weil sie um sich getreten habe, zwei, drei Minuten vielleicht, dann mit der Schere die Kleider gewandt aufgeschlitzt, und auch das Eindringen sei ganz schnell gegangen, obwohl sie alles zusammengezogen und schon unter dem körperlichen Schmerz höllisch gelitten habe, geschäftsmäßig, wie gesagt, geradezu professionell, er kannte die Handbewegung und wie das auseinanderzureißen war, und Zeit habe er sich nur bei der Sache selbst gelassen, wie Julia es nannte, die Sache habe er so höllisch in die Länge gezogen, daß es gar nicht mehr enden wollte. Höllisch war überhaupt ein Wort, das Julia oft benutzte, genauso wie Sache, nüchtern und entmenschlicht. Mit Fürsorge sei da nichts gewesen, die porenkalte Lustabschöpfung, so nannte es Julia, Lustabschöpfung, und dann sagte sie noch, sie sei sich vorgekommen wie ein Klo, in das er sich entleert habe, und fing wieder an zu weinen, so daß ich sie in den Arm nahm, ohne von Mitleid zu sprechen.

Sie sprach es nicht aus, aber es schien sie tatsächlich zu irritieren, daß er eigens die drei hohen Stockwerke hinaufstieg, um sie zuzudecken, und ihn also auf dem Bürgersteig Unter Krahnenbäumen oder vielleicht schon hinter der Nordsüdfahrt eine menschliche Regung des Bedauerns oder auch nur des Bedenkens überkommen hatte, die sie aus ihm herausgeschabt haben mußte, nackt, gefesselt und geschändet, wie sie in seiner Wohnung lag, einen letzten Rest von Güte, das tröstete sie oder beschäftigte sie jedenfalls, es ließ sie nicht los. Immer wieder kam Julia an dem Abend, an dem ich sie besuchte, darauf zu sprechen, daß dieser Arsch, wie sie ihn unter anderem nannte, noch einmal in seine Wohnung zurückgekehrt war, um sie zuzudecken. Keines der Motive, die ich aus meiner Küchenpsychologie hervorkramte, um seine menschlich scheinende Regung zu erklären, ließ sie gelten; immer wieder verwies sie darauf, daß es doch gar keinen Nutzen für ihn gegeben habe, wogegen er sie bis dahin wie ein Instrument zur Lustabschöpfung, wie sie es wieder nannte, benutzte, schon im Café, als er ihr die Geschichte mit *Terre des hommes* aufgebunden hatte, um sie in seine Wohnung zu locken, so eine Geschichte um einen spanischen Text, den zu übersetzen er sie dringend bat, da am nächsten Tag ein Kollege nach Guatemala fliegen würde, und vielleicht stünde in dem Fax noch etwas,

was der Kollege mitbringen müsse, da sei es um behinderte Kinder gegangen, der lupenreine Schwachsinn, im nachhinein betrachtet der absolute Hohn, aber sie habe es ihm geglaubt, weil sie immer alles Gute glaubt, wie ich hinzufügte. Das sei alles hochprofessionell gelaufen, die einzelnen Maßnahmen aufgereiht wie an einer Schnur und so ausschließlich auf seine eigene Lustabschöpfung gezielt, daß sie überhaupt nicht als Mensch vorgekommen sein könne in seinem Kopf – bis zu dem Augenblick, da er vielleicht schon die Nordsüdfahrt überquert hatte, als eine letzte, verlorene Regung von Mitgefühl oder, wie Julia es wiederholt nannte: Güte ihn gestreift haben mußte und er zurückgekehrt sei in die Wohnung, um sie, die tatsächlich bitterlich gefroren habe, nackt und ausgespreizt, wie sie da lag, mit dem Plumeau zuzudecken und wieder zu verschwinden. Das Schreckliche sei gewesen, sagte Julia, daß sie in dem Augenblick etwas wie Dankbarkeit empfunden habe, so sehr habe sie gefroren.

Ich weiß nicht, ob Julia recht hat, ich denke nur, daß sie selbst zu gütig ist, wenn sie andeutet, dem Mann einen Rest von Güte zu unterstellen, das ist vielleicht nicht gut und zeigt sich auch daran, daß sie ihm abends um elf im Elektra die Geschichte mit *Terre des hommes* abgenommen hat; man muß da aufpassen, habe ich Julia gesagt, und obwohl sie mir zustimmte, blieb sie überzeugt davon, den rational nicht zu erklärenden Grund dafür zu ahnen, daß der Arsch in seine Wohnung zurückgekehrt war, um sie zuzudecken.

Von der Würde

Am meisten hat mich an dem Skandal, der die Universität Bonn vergangenen Monat nicht bloß in die Schlagzeilen der Boulevardpresse, sondern auch in die überregionalen Feuilletons brachte, am meisten hat mich irritiert, daß die Bewerberin keine Anstalten machte, ihren Mann zu unterbrechen, als dieser nach ihrem Vortrag aufstand und aus seiner Collagemappe die DIN-A4-großen Fotos hervorholte, die sie an einem südlichen Strand in enger Umarmung mit dem Vorsitzenden der Berufungskommission zeigten, ich finde es einfach erstaunlich, daß die Bewerberin nach Angaben meines früheren Lehrers Samuel Zahm, der an der Sitzung teilnahm, überhaupt nicht widersprach, als ihr Mann der Kommission und den Studenten lauthals die Beziehung aufdeckte, die seine Frau seit Monaten mit dem Vorsitzenden geführt hatte, damit dieser sich für ihre Berufung als Juniorprofessorin einsetzte, und schon gar nicht kann ich mir erklären, warum die Bewerberin sogar stillhielt, als ihr Mann trotz des Protestes, der nach Angaben Samuel Zahms die anfängliche Perplexität der Anwesenden allmählich überwand, auch jene Aufnahmen in die Höhe hielt, die den Kommissionsvorsitzenden in unappetitlicher Würdelosigkeit zeigten, es ist doch beinah schon bewundernswert, mit welcher Ruhe die Bewerberin es zur Kenntnis nahm, daß ihr Mann schilderte, wie sie mit den Bildern, die er zufällig gefunden haben will, den Kommissionsvorsitzenden erpreßte, ich meine, jeder normale Mensch wäre doch durchgedreht, wenn von einer auf die andere Sekunde die Zukunft zu Bruch geht, ich meine, die Bewerberin, die ihre Ziele mit rücksichtsloser Entschlossenheit verfolgt hatte, war schließlich mehr als nur blamiert worden, sie stand mit einem Mal vor dem Nichts, auf immer entehrt in ihren bisherigen Welten, die akademische Karriere ruiniert, die Ehe am Ende und ihre Kinder – was sollte sie ihnen schon sagen? –, da wäre es doch mehr als verständlich gewesen, daß sie sich, wie aussichtslos auch immer, ihrer Haut erwehrt, daß sie ihren Mann angeschrien oder sich auf ihn gestürzt hätte, daß sie zusammengebrochen oder geflüchtet oder wenigstens vor Schrekken oder Scham erbleicht wäre wie der Kommissionsvorsitzende, der den Raptus nach Angaben Samuel Zahms mit offenem Mund verfolgte und noch Minuten, nachdem der Gatte den Kleinen Festsaal verlassen hatte, nicht mehr als ein paar fadenscheinige Rechtfertigungen zu winseln vermochte, das alles wäre normal und zu erwarten gewesen, nicht aber, daß die junge Bewerberin für keinen Augenblick die Contenance verlor und sogar Gelassenheit genug bewahrte, die vier, fünf Studenten und Professoren, die ihren Mann aus dem Saal zu zerren versuchten, zu bitten, sie mögen ihn loslassen, er würde sich schon beruhigen, was er dann tatsächlich tat, wahrscheinlich aus Verblüffung über seine Frau, die sich anschließend bei allen Anwesenden für die gestohlene Zeit entschuldigte und den Saal mit dem Wunsch, wohl zu leben, verließ, nicht ohne ihrem Mann einen resignierten Blick zuzuwerfen, wie Samuel Zahm auffiel. Es war ja nicht viel, was da noch an Würde übriggeblieben war, wenn ich außer seinen Angaben auch die Berichte in den Zeitungen und das Gerede auf dem Campus zugrunde lege, genaugenommen nichts, so erbarmungslos hatte der Mann ihre Niederträchtigkeit, ihren skrupellosen Ehrgeiz aller Welt vorgeführt, allein was sie da aus dem Nichts noch herausgekratzt hat – aus Einsicht in die Unabwendbarkeit des Schicksals, aus der Resignation, die Samuel Zahm bemerkt haben will, aus Stärke –, das muß phänomenal gewesen sein, das hat nach Angaben Samuel Zahms alle beeindruckt, selbst ihren Mann, der sie wie das Mäuschen die Katze ängstlich anstarrte, als sie mit dem Manuskript in der Hand traurig, ihrer Schuld vollständig eingedenk, aber erhobenen Hauptes an ihm vorbeischritt, das muß ein Schauspiel gewesen sein, so groß und hinreißend, wie ihr Charakter sich als klein und niederträchtig erwiesen hatte.

Vom Trost

Für Jürgen Reinecke

Als Jürgen Geburtstag hatte, fragte Wilhelm den Cowboy im Rausch, wo sein Partner bliebe, während Hermann seinem Freund Martin von Giovannis frühgeborenen Zwillingen sprach, die das Gröbste überstanden, aber nun die Ohren entzündet hätten, und David entdeckte, daß sein Leben an eben jener Wegscheide angelangt war, an der sich der zehn Jahre ältere Ulrich vor zehn Jahren befunden hatte, und es kurz gesagt darum gehe zu entscheiden, ob es das nun gewesen sei, und beide tröstete das Glück, daß heute hinter der Theke Harry stand, der mit seinen Platten Hunde wie sie zum Jaulen, aber auch Bären wie Björn zum Tanzen bringt. Just in dem Augenblick, als Wilhelm zum Entsetzen Khalils die *Frankfurter Allgemeine Sonntagszeitung* pries, erklärte sich Martin zum missionierenden Vater, erkannten David und Ulrich für sich die unausgesprochene Freundschaft, die sie vom heutigen Abend an verband, und kletterte der hünenhafte Cowboy im Rausch gelenk über die Theke, weil das Telefon klingelte und Harry gerade mit Björn eine einzige, wirklich nur eine einzige Runde flipperte. Hermann erwog im Andenken Giovannis die Vorzüge des Vaterseins, die nach Ansicht Martins die zugegebenen Nachteile der Ehe überwogen wie der Fußball einen Flummi, hingegen Paulo und Isabel Fortuna-Fan Max für sein Geständnis, im Herzen immer schon mit dem FC gefiebert zu haben, zu einem Jägermeister einluden, an dem Holger sich gern beteiligte, weil diese Saison auch Borussia Mönchengladbach abzusteigen drohte, und in derselben Sekunde, da der Cowboy im Rausch bekanntgab, daß sein Partner auf dem Weg sei, fiel Khalil auf, daß eine der beiden Lesben, die mit hochgezogenen Beinen auf der breiten Fensterbank saßen, das gelb-grüne Original-trikot der Thekenmannschaft trug, und Ulrich konnte auch nicht mehr sagen, als daß sein einziger Trost darin bestünde, wahrschein-lich noch unglücklicher geworden zu sein, hätte er als damals Mitt-dreißiger die Frage bejaht, vor der David nun stand, die Frage, ob es das schon gewesen sei, worauf David, weil ihm bewußt wurde, daß er sich, gleich wie, in jedem Fall falsch entscheiden würde, das nack-te Entsetzen packte, das Harry in Luft auflöste, indem er *Will to Love* auflegte, ein so entsetzlich trauriges Stück, daß man gar nicht anders als glücklich sein kann, so entsetzlich traurig glücklich, daß Holger Guido das Versprechen abrang, sein Leben zu ändern.

Als Jürgen Geburtstag hatte, ärgerte ihn Wilhelm mit dem Ge-schenk, ihn das nächste Mal beim Backgammon absichtlich ge-winnen zu lassen, und Christian und Knut gaben sich gegenseitig keinen Whisky aus, weil der eine beim Lagavulin, der andere bei seinem Seemannszeug bleiben wollte, das er bei seinem Besuch in Gustavs Dorf an der irischen Küste nahe Kinsale so sehr schätzen gelernt hatte, daß er sich persönlich um die Einfuhr kümmerte, und die beiden Lesben amüsierten sich prächtig mit Ulrich und David, und Holger versprach Knut, am Sonntag mit zum Hallenturnier bei Gustavs Bruder Florian mitzufahren. Gustav höchstpersönlich rief auch noch an, kurz nachdem die eine Hälfte der Cowboys im Rausch auf der breiten Fensterbank angefangen hatte, die durch-gedrehteste Version von *Give Peace A Chance* zu spielen, die Hen-ning, Max und Abdul je gehört hatten, so eine Version mit Schul-bubenhumor, die aus dem niemals aktuelleren Aufruf zum *Peace* mit wenigen Federstrichen eine Hymne auf das *Piece* zauberte, das schließlich auch etwas wie Frieden bereitet – *all we are sailing* –, und irgendwer erzählte dann bestimmt wieder die Geschichte von Gu-stav, der Jürgens Geburtstagsschänke gegründet hatte, in niemand weiß genau welche Probleme geraten war und eines Mittags vor drei, vier Jahren Harry aus dem Bett klingelte, um ihm den Schlüs-sel zu übergeben, da er sich eine halbe Stunde zuvor ein Oneway-

Ticket nach Dublin für den Abend gekauft hatte, obwohl ein Hin- und Rückflugticket billiger gewesen wäre. Als Max sich getröstet hatte, daß heute abend keine einzige Frau da sei, um von Guido bezirzt zu werden, schaute er sich nach den Lesben um, die von den inzwischen vollzähligen Cowboys im Rausch von der Fensterbank vertrieben worden waren, und entdeckte die hübschere von beiden, wie sie mit Guido zärtlich lachte, und der einzige Trost war, daß er sie bestimmt nicht herumkriegen würde, wie es in Gustavs einstiger Schänke überhaupt nur wenige Frauen aushalten, die auf Männer stehen, einer der Gründe, warum Max sie aufsuchte, hat doch ohnehin seit dreizehn Jahren keine einzige Frau auf ihn gestanden.

Zu den inzwischen vollzähligen, vollständig hünenhaften Cowboys im Rausch hatte sich ein kleiner Mann mit Cowboyhut gesellt, der zwar nicht mehr aufs Fensterbrett paßte, aber dafür ein weltschmerzgetränktes Sonett auf der akustischen Gitarre hinlegte, daß es Ulrich, der David ohnehin keinen Rat zu geben wußte, endgültig die Sprache verschlug, und jemand fragte nach Anke, als David an die Eifel dachte, in die sich Ulrich vor zehn Jahren verkrochen hatte, weil es das damals nicht gewesen sein konnte, um jetzt wieder in Köln Fuß zu fassen, und David dachte, daß es gut war, daß Ulrich zurück sei, denn sonst hätte er ihn nicht kennengelernt, als Jürgen Geburtstag hatte, und er dachte, daß wenigstens an diesem Abend auch Ulrich dachte, daß es gut war, zurück zu sein, und Gustav jetzt ebensogern hiergewesen wäre, Gustav, an den David auch denken mußte, weil jener die Frage, vor der dieser nun stand, noch entschiedener verneint hatte als Ulrich vor zehn Jahren, die Frage, ob es das schon gewesen sei.

Zur Musik der erweiterten Cowboys im Rausch ließen dreiunddreißig Mann und drei Frauen Jürgen hochleben, der sich später mit Khalil stritt, weil er auch ihm unbedingt die Zeche zahlen wollte, dabei wußte Khalil, daß Jürgen mit dem Geld herumknapste, da eben erst die Mutter seines Sohns zu ihrem Freund gezogen war, und als Khalil schließlich einlenkte, tröstete er sich damit, daß Harry und die anderen siebzehn sich schon was ausgedacht haben würden, um Jürgen vor dem Ruin zu bewahren, und so nahm Khalil Jürgen zum Abschied in den Arm und sagte ihm, daß, egal wie beschissen er das Leben finden möge, es nicht viele Menschen gebe, denen zum sechsunddreißigsten Geburtstag eine solche Versammlung zuteil würde, und das solle ihm ein verdammter Trost sein für alle Zeiten, denn einer wie er, Khalil, würde das nicht hinbekommen, sosehr er sich streckte, nicht einmal einen Zipfel würde er erreichen von dem Glück, das Jürgen mit zwei Telefonaten in den Schoß fiel, und Jürgen sagte in seinem rheinischen Singsang, der wegen der getrunkenen Kölsch, der Musik und der Freunde heute noch melodischer war, daß es ihm eine Ehre sei, Khalil einen Freund nennen zu dürfen, eine echte, tiefempfundene, orientalische Ehre, und da vermischten sich auch ein paar Tränen, als sie die Wangen zusammendrückten, wie David mir ausführlich schilderte, um mich darüber hinwegzutrösten, daß ich nicht dabeisein konnte, als Jürgen Geburtstag hatte.

Von der Ruhe

Alfred soll am Ende nicht mehr ausgestiegen sein. Seit er die Wohnung aufgelöst und sich mit dem Geld den Traum von einer Netzkarte erster Klasse verwirklicht hatte, übernachtete er fast nur noch in Zügen. Nur alle fünf oder acht Tage nahm er sich ein billiges Hotelzimmer in der Nähe des Bahnhofs, am liebsten in einer Stadt wie Würzburg, Hamm, Gießen oder Münster, die klein und also preiswert, aber dennoch mit dem InterCity oder dem InterCityExpress zu erreichen war, um zu duschen, sich mit ein paar Utensilien und vor allem Obst einzudecken, einen Waschsalon aufzusuchen, zu telefonieren. Am Anfang soll er gelegentlich bei einem Freund oder einer Freundin in Marburg, Darmstadt oder Bremen geschlafen haben, bei Verwandten auch, die in Aachen und Mönchengladbach wohnen, weiß Carla, durch die ich von Alfred erfahren habe. Carla war die Freundin meines ältesten Bruders, als ich noch ein Kind war und er in Bielefeld studierte. Ich habe sie am Bahnhof in Koblenz wiedergetroffen, wo ich den Zug wechseln mußte, weil der Zug, in dem ich saß, wegen einer Verspätung auf direktem Wege nach Mainz geleitet wurde und die Fahrgäste, die am Frankfurter Flughafen aussteigen wollten, in den nachfolgenden Zug umsteigen mußten, der laut Fahrplan wenige Minuten später eintreffen sollte. Das war früher, als der neue ICE noch nicht rechtsrheinisch entlang der Autobahn von Köln nach Frankfurt raste. Ich habe sowieso nie verstanden, warum damals die beiden stündlichen InterCitys immer kurz hintereinander zum Flughafen fuhren, ich meine, es wäre doch viel günstiger gewesen, wenn der eine zum Beispiel zur vollen, der andere zur halben Stunde gefahren wäre, oder aber der eine, der nach München oder Nürnberg fuhr, hätte am Frankfurter Flughafen gehalten, und der andere, der nach Basel oder Zürich fuhr, hätte sich die Schleife erspart, das hätte bestimmt eine halbe Stunde gebracht, statt dessen bauen die für so viel Geld eine Bahnstrecke entlang der Autobahn, nur um auch nicht mehr als eine knappe Stunde zu gewinnen, mit dem Ergebnis, daß die Züge wahrscheinlich überhaupt nicht mehr in Koblenz halten, sondern in Montabaur, Siegburg oder Limburg, wie ich gelesen habe, wo doch kein Mensch wohnt. Was Carla wohl dazu sagt, so abgehängt?, sie fühlte sich in Koblenz doch damals schon wie am Ende der Welt, als sie gerade Alfred in den Zug gesetzt hatte, aus dem ich ausgestiegen war.

Weil mein Zug auf sich warten ließ, setzten wir uns auf zwei der grüngegitterten Eisenschalen, die die Bänke ersetzt haben, und auf die nächstliegende Frage, was sie auf den Bahnsteig des Bahnhofs Koblenz verschlagen habe, erzählte sie mir bald von Alfred, vielleicht auch, um nicht gleich von allem anderen zu erzählen, sie kannte mich ja kaum, nur als Kind, und hätte sich nicht an mich erinnert, wenn ich sie nicht angesprochen hätte. Natürlich war sie älter geworden, aber ich habe sie nach zwanzig, fünfundzwanzig Jahren gleich erkannt, das spricht doch für sich und den Gedanken, der mir seitdem oft gekommen ist, daß das Leben sich auch darin vertan hat, meinen Bruder von ihr zu trennen.

Die Bahnfahrten zu meinem Bruder nach Bielefeld waren die ersten, die ich allein unternehmen durfte; ich weiß noch, daß ich jedesmal in Hagen umsteigen mußte, wo heute der ICE sein Trittbrett nicht ausfahren kann und die Fahrgäste daher gebeten werden, beim Ausstieg auf den Abstand zwischen Schwelle und Gleis zu achten, das weiß ich noch genau, weil ich jedesmal erleichtert dachte, daß es Orte gibt, die noch langweiliger sind als der, aus dem wir stammen, und das war gut zu wissen, wenn ich nach Bielefeld fuhr zu meinem Bruder, weil Bielefeld so schön war, auch wegen Carla so aufregend und wunderwunderschön, dabei sieht es dort heute auch nicht anders aus als in Osnabrück oder Hildesheim. Ich kann verstehen, daß man vor der Fensterscheibe kleben bleibt wie

Alfred, dem ich bestimmt schon einmal begegnet bin, so oft, wie ich im Zug sitze, das ist auch mir der liebste Platz, der Platz am Fenster, zumal des neuen ICEs, so ruhig, wenn alles sich bewegt.

Als ich Carla traf, wollte Alfred gerade über Freiburg nach Kiel fahren, jedenfalls hatte er das gesagt, ohne zu sagen, was er in Kiel wolle, aber daß man da über Freiburg fährt, das verstehe ich natürlich, länger kann man kaum unterwegs sein, und so schlecht es ist, daß die ICs und ICEs keine Fenster mehr haben zum Öffnen, so angenehm finde ich die Ruhe, mit der sie durchs Land rasen, da klappert, rasselt und hämmert es kaum noch, vor allem nicht im neuen ICE, der einen richtig benebelt, so ruhig und schnell ist das, als ob man ebenerdig flöge, eigentlich genau so, wie die Bahn es mit ihren zubetonierten Gleisen entlang von Autobahnen haben will, mit ihren komischen Ansagen, wir befinden uns in der Anfahrt auf …, ihrem neuen, schon wieder alten Preissystem, das sich an die Tarife der Fluglinien anlehnt, darüber stand ja auch viel in der Presse, aber das haben die sich nicht gedacht, daß man das so wörtlich empfindet, da wird man wirklich ganz benebelt, wenn man am Fenster auf die Autos schaut, die nicht mithalten können, auf die Kühe und Kleinstädte, die es nicht zu einem ICE-Bahnhof gebracht haben, das ist nachgerade gefährlich, wie süchtig man nach dem Fenster werden kann, wenn die Welt so ruhig an einem vorbeirast, viel ruhiger, als ein Flugzeugfenster es je bieten könnte, so daß man heute im Zug viel eher als in der Luft das Gefühl hat zu fliegen, zu schweben, meine ich, zu gleiten ohne Widerstand, beinah schwerelos zu segeln. Ich kann das verstehen, daß man den Fensterplatz im ICE mag, ich sitze schließlich auch sehr viel im Zug und wenn möglich immer am Fenster, da wird einem ganz anders, das war früher schon so, als ich mit dem D-Zug durchs Sauerland fuhr, und heute noch viel mehr in den ICEs, die nachgerade gefährlich sind, weil man ganz benebelt wird, wie gesagt, wenn man auf die Welt draußen achtet und auf die Ruhe, die kein Handy stören kann. Das können die gar nicht bedacht haben, als sie die ICEs eingeführt haben und die Gleise entlang der Autobahn, daß man davon süchtig werden kann wie Alfred, dessen Spleen offenbar wirklich etwas mit den ICEs zu tun hatte, schließlich liegen die meisten Bahnhöfe, von denen Carla sprach, entlang der Hauptstrecken der Deutschen Bahn, vor allem diejenigen, die er ohne Anlaß besuchte, die dann die einzigen geworden sein sollen, wo er noch ausstieg, bevor er dann überhaupt nicht mehr ausgestiegen ist, aber das war ja, wie gesagt, erst am Ende, als zum Beispiel Koblenz nicht mehr zu erreichen war, wie ich gelesen habe, und ich kann schon verstehen, daß man lieber am Zugfenster bleibt, wenn man Carla nicht mehr besuchen kann, denn ich fand damals schon, mein Bruder hätte bei ihr in Braunschweig bleiben sollen, statt nach Aschaffenburg zu ziehen und zuzulassen, daß sie abgehängt in Koblenz endet, von wo sie mich nun angerufen hat wegen Alfred.